KB150388

고구려 服飾 紋樣의 圖案 연구

고구려 服飾 紋樣의 圖案 연구

2018년 2월 1일 초판 1쇄 인쇄
2018년 2월 8일 초판 1쇄 발행

지은이 金東實
펴낸이 권혁재

편집 조혜진
출력 동양인쇄
인쇄 동양인쇄

펴낸곳 학연문화사
등록 1988년 2월 26일 제2-501호
주소 서울시 금천구 가산동 371-28 우림라이온스밸리 B동 712호
전화 02-2026-0541~4
팩스 02-2026-0547
E-mail hak7891@chol.com

ISBN 978-89-5508-382-8 93910

고구려 服飾 紋樣의 圖案 연구

金東實

학연문화사

차 례

머리글

문양은 모든 물체의 겉에 나타나는 장식무늬를 말하는데, 인간이 만들어낸 의미있고 상징적인 사고의 표현물이라고 할 수 있다. 인간에 의해 만들어진 문양에는 그들의 욕망과 생각이 투영되기 때문에 문양의 생성과 발달과정은 인간 및 사회, 역사 및 문화의 발달과 맥락을 같이 할 수밖에 없다.

이렇게 개발된 문양을 통해 인간이 갖는 예술적 감성이나 상징의 진화는 더욱 다양화되고 심화되었을 것이다. 원시 공동체 사회는 물론 국가 발생 이후, 문양은 주요한 기호와 도상으로 나타나며, 신앙과 제전, 의식, 일상 등에 수없이 표현되었다. 특히 이러한 문양은 각 종족이나 민족별로 고유한 개념을 공유하면서 드러나기 때문에, 문양은 사람들이 함께 공감하는 의식(意識)을 부각시키는 역할을 수행했을 것이다.

이런 까닭으로 특정한 집단이, 그들의 시대에 정형화시킨 문양을 연구하는 것은 개인과 사회가 함께 나누는 문화적 감수성과 동일하게 경험하는 역사적 추이를 드러내는 데에 역할을 할 것으로 생각한다. 이러한 점에서 필자가 연구한 고구려 복식문양이 한국 복식문양의 원형이며 문양도안 콘텐츠의 출발점이 될 것으로 예상한다. 물론 고구려보다 앞선 고조선시대의 복식문양이 복식 문양도안 콘텐츠의 원형을 찾는 출발점이 되어야 마땅하지만, 현존하는 고조선시대 복식유물이 드물어서 다양한 종류의 문양을 찾기 어렵다.

고조선의 복식문화는 매우 수준 높은 발달 양상을 가지지만 안타깝게도 의복은 남아있는 것이 거의 없다. 또한 고고학의 출토 유물로 마직물과 모직물, 실크천, 가죽 등이 일부 남아있거나 장식품에 부착되어 출토되어지지만 대부분 손상이 심해 문양을 가늠하기도 어렵다. 그러나 고조선 복식에는 특징적으로 청동장식품이 의복에 일정하게 사용되어졌기 때문에 출토 유물이 많은 관계로 그것에 나타난 고유한 양식과 문양을 정리할 수 있다. 고조선 청동장식품에 표현된 문양은 대부분 선문양을 표현하고 있다.

이와 같이 고조선의 특징적인 문양과 복식에 일정하게 사용되었던 장식들은 고구려로 계승되었다. 고구려는 고조선시대의 달개장식 또는 염색이나 직조의 방법을 이어받아 독창적인 문양으로 발전해 나갔다. 그 위에 장식을 더하거나 자수가 놓아지는 이중 혹은 입체적인 3중구조로 화려하고 차원 높은 발전을 이루기도 했다. 이에 대한 예를 고구려 유적지에서 살펴볼 수 있는 무덤 벽화의 인물복식 및 출토된 관모, 장신구 등에서 확인할 수 있었다.

이러한 내용을 서술하기 위해 책에서는 먼저 연구목적의 필요성에 대해 언급하고자 한다. Ⅱ장에서는 고구려 이전 복식문양의 종류를 체계화하고 그에 대한 의미를 분석하는데, 이를 활용하여 만들 수 있는 도안도 함께 소개한다. Ⅲ장에는 고구려 의복 양식의 종류와 문양을 알아본다. 고구려사와 더불어 유물을 통해 확인할 수 있는 각종 문양들을 분류하고 그를 통해 얻을 수 있는 도안을 제시한다. IV장에서는 고구려의 장신구를 통해 문양을 고찰하고 장신구에서 얻을 수 있는 정형화된 문양을 형상화하여 콘텐츠화할 수 있는 도안을 도출한다. 마지막으로 V장은 앞서 살펴본 고구려 복식문양의 의미를 종합적으로 서술하며 각각의 도안을 조합한 콘텐츠의 실례를 들어본다.

고구려 복식문양 연구를 무사히 마칠 수 있도록 많은 분들이 도와주셨다. 특히, 힘든 연구에서 부단한 응원과 격려를 아끼지 않아주신 존경하는 나의 스승 박선희 교수님께 감사드린다. 또한 이 책을 출판해주신 학연문화사 권혁재 대표님 및 좋은 책을 만들어주신 편집부 조혜진씨께도 감사의 인사를 드리고 싶다.

필자에게 가장 많은 지지와 응원을 보내준 나의 가족, 임재헌 부자에게 진심을 다해 감사하며, 사랑하는 어머니 임순례 여사님께도 앞으로 더욱 오랫동안 감사의 마음을 전할 수 있기를 소망해 본다.

2017년 12월
북악의 기슭에서 金東實

I. 머리말

1. 연구목적

고구려 복식에 나타난 문양은 우리나라 복식문양사 연구의 출발점이다. 왜냐하면 선사시대로부터 표현된 상징의미들이 고조선시대에 정체화되었고 그 고유양식과 전통성을 고구려가 고스란히 계승했기 때문이다.

사실 고조선시대의 복식문양은 의복유물이 남아있는 것이 거의 없어 의복에 표현된 문양의 실체를 파악하는데 어려움이 크다. 그렇기 때문에 의복에 부분적으로 남아있는 상식물과 장신구에 표현된 문양에서만 그 양식의 종류와 상징의미 등을 추정할 수 있다. 반면에 고구려 복식문양은 남아있는 고분벽화에 나타나는 내용과 출토된 복식유물을 통해 그 실체를 확인할 수 있다. 뿐만 아니라 문양의 양식과 종류 및 그 쓰임새에 따른 조형의지와 상징성, 나아가 그들이 추구하고자 한 정치이념에 이르기까지 고찰이 가능하기 때문에 우리나라 복식 문양사 연구의 출발점이 될 수 있다.

이처럼 고조선과 이를 계승한 고구려 복식문양에 관한 연구는 우리 복식문화 연구에 기본이 되는 중요한 부분임에도 불구하고 현재까지 제대로 연구되어있지 않다. 특히 고구려 복식은 우리 복식문화의 원형이 가장 잘 남아 있던 시기이며 한민족 복식문화의 뿌리이기도 하다. 그러나 고구려 복식 문양에 대한 체계적인 연구는 관련 자료의 부족, 식민사학의 잔재, 중국의 역사왜곡, 연구방법의 한계 등으로 거의 이루어지지 못했다. 그러한 까닭에 고구려 문양의 형성과정과 양식, 기법, 조형성, 상징성, 사상성 등에 관한 내용은 제대로 정리되거나 연구되어있지 않아 그 정체성이 올바르게 밝혀지지 못했다. 따라서 문헌자료와 고고학의 유물자료를 기반으로 상고시대 복식문양으로부터 고구려 복식문양에 이르기까지의 통시적인 연구로부터 한국 복식 문양의 원형을 밝히는 작업이 절실히 필요하다. 이를 위해서는 선사시대로부터 고구려 복식 문양과 관련된 다양한 자료들의 변천 양상을 다각적으로 수집, 정리하여 고구려 복식에 표현된 문양을 체계적으로 정리하고 올바르게 해석할 수 있는 기초 작업 마련이 우선되어야 할 것이다.

고구려는 고조선이 붕괴되고 여러 나라가 독립함으로써 시작되었고, 그 나라들이 통합을 거듭하여 고구려·백제·신라·가야의 사국시대를 거쳐 신라와 발해의 남북조시대에 이르게 되었다. 열국들 가운데 고구려는 고조선의 문화와 사상을 고스란히 이어받아 독립하였기 때문에 고구려 복식문화의 발전은 고조선 복식문화의 지속과정이자 고조선문화의 발전과 확산이라고 할 수 있다. 그런데 그동안 복식문양 이외의 일반 문양 연구는 선사시대에서 삼국시대로 건너뛴 까닭에 고조선시대와 열국시대는 마치 한국 문양사의 공백기처럼 비워져있어 고대 문양사의 체계를 바로 세울 수 없었다. 게다가 일반 문양연구에서 복식문양사 연구는 전혀 이루어지지 않았다. 한국 고대 복식과 직물 연구에서 간략히 부분적으로 소개되었을 뿐이다.[1] 또한 도안화 작업도 전혀 이루어지지 않았다. 이러한 요소들은 우리나라 복식문양의 원형이 올바르게 정리되어 민족문화의 한 부분으로 자리매김 되지 못했던 요인이 될 것이다.

그렇기 때문에 이 글에서는 고구려 복식문양에 대한 분석과 고찰을 고구려보다 앞선 시대로부터 진행하여 한국 복식문양사의 전개과정을 체계적으로 이해할 수 있는 기반을 마련하려 한다. 아울러 한국 복식문양의 원형과 고유성도 정립할 것이다. 그리하여 고구려 복식문양의 내용과 발전양상에 대한 연구를 통해 선사시대로부터 고조선과 열국을 이은 고구려 복식문양의 통시적 관계를 체계적으로 밝혀 한국 고대 복식문양사의 단절과 공백을 극복하고 이를 구체적으로 도안화 하고

---

1 高福男, 『韓國傳統服飾史硏究』, 一潮閣, 1991 ; 金東旭, 『增補 韓國服飾史硏究』, 亞細亞文化社, 1979 ; 심연옥, 『한국직물문양 이천년』, 삼화인쇄출판사, 2006 ; 김영숙·김명숙, 『한국복식사』, 청주대학교출판부, 1998 ; 柳喜卿, 『한국 복식사 연구』, 이화여자대학교출판부, 1980 ; 유송옥·이은영·황선진, 『복식문화』, 敎文社, 1997 ; 李京子, 『韓國服飾史論』, 一志社, 1998 ; 임영미, 『한국의 복식문화 1』, 경춘사, 1996 ; 이은창, 『한국 복식의 역사』- 고대편, 세종대왕기념사업회, 1978 ; 李京子·洪那英·張淑煥, 『우리 옷과 장신구』, 悅話堂, 2003 ; 채금석, 『전통한복과 한스타일』, 지구문화, 2012.

자 한다. 고구려 복식문양의 도안 연구는 우리나라 고유 문양의 뿌리
를 밝히는 일이기도 하지만 미래 한국문양의 콘텐츠를 독창적이고 정
체성있게 구상하는 중요한 디딤돌 역할을 하게 될 것이다.

2. 연구방향

문양은 인간이 세상에 존재하는 사물들에 대하여 부여한 어떠한 상
징적인 의미, 상징적인 사고의 산물이다.[2] 인간은 오랜 동안 형체를
색깔로 나타내거나 문양을 통해 상징성과 조형의지를 표현하고자 많
은 노력을 했다. 그 결과 인류의 발달사에서 문명의 발전과 함께 문
양은 상당한 위치를 차지한다고 하겠다. 문양은 순수 예술 영역으로
서의 기호로 모호함을 넘어서 상징적인 의미의 구실을 하기도 하고
소통을 돕기 위한 일종의 표식으로서 기호의 역할을 하기도 했다. 즉
정보를 전달해 주는 언어적 기능을 하기도 하여 자신이 속한 고유한
문화적 코드에 따라 해석이 가능한 대상으로 다중적 의미체가[3] 되기
도 한다.

이러한 문양의 문화적 함의와 원형을 파악하기 위해 각 장에서는 다
음과 같은 내용을 서술하고자 한다.

---

2 林永周, 『韓國紋樣史』, 미진사, 1983, 25쪽.
3 김세리, 『VISION & LMAGES, 시각과 이미지』, 한국학술정보(주), 2013, 47~49
  쪽 ; 가와노 히로시 지음·진중권 옮김, 『예술 기호 정보』, 중원문화, 2010 참조.

Ⅱ장에서는 고구려 복식에 나타나는 문양을 분석하기 이전에 고구려 복식문양의 원형이 이루어진 선사시대와 뒤이은 고조선시대 문양의 종류와 그 상징의미에 대하여 고찰하고 이를 도안화한다. 고조선 붕괴 이후 각기 독립국이 된 열국시대 복식문양의 종류와 상징의미를 해석하고 그 의미를 포착하여 도안화한다.

Ⅲ장에서는 고구려 의복에 따른 문양을 정리하여 상징의미를 분석하고 이를 도안화 한다. 의복은 관모와 웃옷 및 겉옷, 아래옷의 문양을 종류별로 분석하여 상징의미를 해석하고 새로운 도안의 논리를 복합적으로 융합하여 새로운 도안의 세계를 창조해 내고자 한다. 허리띠 양식의 종류와 신발양식의 종류에 따른 장식문양에서도 고유성을 찾아 도안화 하고자 한다.

Ⅵ장에서는 고구려 장신구 가운데 머리꽂이와 귀걸이, 반지와 팔찌 양식의 상징의미를 읽어낸다. 또한 이를 도안화하여 우리다운 문양의 독창성을 제시해 보고자 한다.

고구려 복식에 일반적으로 나타나는 고유한 문화적 코드라 할 수 있는 문양은 매우 기하학적인 특징을 가진다. 주로 원형과 불꽃문양이 주류를 이루며 세모형, 네모형, 타원형, 원뿔형, 지그재그형, 사선형, 마름모형 등이 표현되는데 이들을 단순반복과 교차반복을 하여 다양한 조형미를 추구했다. 그 외에 꽃문양과 넝쿨문양, 나뭇잎문양 등을 혼합하기도 했다. 이러한 고구려의 문양 가운데 복식문양에 자주 나타나는 원형과 불꽃문양 등은 고구려의 고유한 예술양식의 체계를 형성하며 정체성을 이루고 있어 민족적 양식으로 구분할 수 있을 것이다. 이처럼 원형과 불꽃문양이 고구려의 고유한 문양일 수 있는 것은 고구려 사람들이 고조선을 계승하여 하늘을 섬기고 태양을 숭배하는 천신신앙의 전통을 그대로 이었던 까닭일 것이다.[4] 그러한 까닭에 고구려는 관모장식에서 일관되게 달개장식 등을 통해 태양과 태양빛, 태양열 등을 표현하였고 의복에 이르기까지 원형의 양식 및 달개장식을 달거나 걸어서 또는 염색과 직조기법을 통해 문양으로 상징의미를 나타냈던 것이라[5] 생각된다.

고구려 복식문양은 한국 복식문양의 기원이자 문화원형의 구실을 하고 있다. 그러므로 한국문양의 독자적 특수성과 한국문양사의 통시적 원류를 포착하기 위해서는 반드시 고조선과 이를 이은 고구려 복식문양에 대한 총체적인 이해가 필요하다. 부분적이며 희귀하고 여러 곳에 분산되어 있는 고조선의 문양을 비롯하여 고구려 문양 관련 문헌자료 및 각종 자료들을 수집·정리하고 도안화해서 모든 문양 관련 연구자들부터 일반인에 이르기까지 접근하고 사용할 수 있게 체계화시키는 작업이 절실히 필요하다. 이를 위해 이 글에서는 기록사료와 유물사료, 생활사료 등을 교차 검증의 방법으로 고구려 복식문양의 내용을 올바르게 체계적으로 밝히고 이를 도안화 한다. 또한 이러한 고구려 고유의 복식문양이 한국 전통문화에만 머무르는 것이 아니라 이를 활용할 수 있는 다양한 방법에 대해서도 제시해 보고자 한다. 현재의 활발한 문화콘텐츠 산업 가운데에서 고구려 전통문양을 재창조하여 새로운 의미를 부여하는 작업이 될 것이며, 문화 창조력이 문화적 원형과 전통의 기반위에서 일구어지는데 일조하게 될 것이다. 문화 창조력은 곧 문화적 원형과 전통문화의 뒷받침 속에서 수월하게 발휘될 수

---

4 『三國史記』卷13「高句麗本紀」始祖 東明聖王條 ;『廣開土王陵碑文』; 李奎報,
  『東明王篇』참조.
5 박선희, 『고구려 금관의 정치사』, 지식산업사, 2013 참조.

있고 세계화할 수 있기 때문이다.

고구려 복식문양과 도안 연구는 우리문양의 고유성과 전통성을 밝히는 것이자 민족사와 민족문화를 읽는 독창적 근거를 수립하는 길이될 것이다. 아울러 고조선과 고구려 관련 문헌자료와 고고학자료 및유물자료 등에 보이는 복식문양의 원형이 테마별로 도안 콘텐츠로 만들어져 도출된 결과물들은 문화콘텐츠산업에 필요한 창작소재를 제공하고 우리 문화의 정체성을 알릴 수 있는 영상물 제작에 기여할 수 있다. 또한 고구려 복식문양의 연구 성과는 박물관 전시나 문화상품 개발에 크게 기여할 수 있을 것이며 우리 의생활 문화의 고유성을 체계화해 나가는데도 이바지할 수 있을 것이다. 그리하여 고구려시대 복식문양의 지속성과 변화 연구는 우리문화의 독자적 창조력을 통시적으로 확장하고 우리다운 문화주권을 누리며 문화의 세계화에 수월하게다가가게 할 수 있다고 생각된다. 문화 창조력이 곧 문화의 시대를 열리게 하는 지름길이기 때문이다.

Ⅱ. 고구려 이전
복식 문양의 종류와 도안

1. 선사시대 복식 문양의 상징의미와 도안

선사시대의 복식유물은 주로 장신구들이 남아있다. 이 시기에 사용된 의복재료는 주로 천이나 가죽, 모피 등으로 흔적이 없거나 장식품에 부분적으로 남아 있어 자세한 문양을 고찰하기 어렵다. 따라서 선사시대 복식문양은 주로 장식품에서 찾을

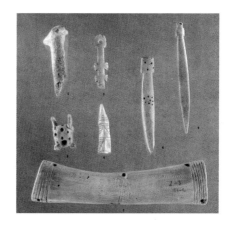

[그림 1] 서포항유적 출토 패식

수 밖에 없다.

한반도와 만주지역 신석기시대의 복식유물 가운데 문양을 나타내고
있는 자료들을 고찰해 보면 다음의 내용이다. 신석기시대 후기의 유적
인 서포항유적 4기층(서기전 3,000년)에서 여러 가지 형태의 장식품이
출토되었다[그림 1].[6] 이 장식품에는 주로 선문양과 점문양, 혹은 사선
문양이 나타난다.

장식품 가운데 한반도와 만주지역의 선사유적지에서는 머리꽂이가
자주 출토된다. 이러한 상황은 고조선 이전시기 이 지역에서 거주하던
사람들의 머리꽂이를 사용했던 머리 모양에 관하여 알려준다.『後漢書』
와『三國志』및『晉書』등의 문헌자료에서는 우리민족이 "대체로 머리를
틀어 묶어 상투를 드러낸다."고 하거나, "그들의 성질은 굳세고 용감하며
머리는 틀어 묶어 상투를 드러내는데 날카로운 병기와 같다."고 했다.
또는 "남자들은 머리를 틀어 묶어 상투를 드러낸다." 고 하여[7] 상투머리
는 우리민족의 고유한 머리 모양이었음을 알 수 있다. 그리고 상투를 틀
어 올리는데 마땅히 머리꽂이가 필요했을 것임은 분명하다.

한반도와 만주지역에서 출토되는 머리꽂이는 대부분 선을 긋거나
점을 찍은 문양, 점과 선을 조합한 문양을 하거나 또는 문양이 없이 밋
밋한 것이 특징이다. 요동반도지역 대련시 여순구에 위치한 곽가촌유
적의 하층문화유적에서는 머리꽂이가 다량으로 출토되었다. 그 가운

---

6 고고학연구소,「서포항원시유적발굴보고」,『고고민속론문집』4, 사회과학원출
　판사, 1972, 104~105쪽 ; 金元龍,『韓國考古學研究』3版, 일지사, 1992, 122~
　124쪽.
7 『後漢書』卷85「東夷列傳」韓條. "大率皆魁頭露紒." ;『三國志』卷30「烏丸鮮卑東
　夷傳」韓傳. "基人性彊勇, 魁頭露介如炅兵." ;『晋書』卷97「列傳」馬韓條. "其男
　子科頭露紒."

데 뼈로 만든 머리꽂이가 가장 많이 출토되었는데 양식도 [그림 2]와
같이 다양하다. 요동반도지역에서는 대련의 신석기시대 유적인 오가
촌유적에서도 방직공구와 함께 뼈로 만든 머리꽂이[그림 3]가 출토되
었는데 윗부분에 선문양이 일정한 간격으로 그어져있다. 이러한 머리

꽂이의 재료는[8] 주로 뼈
와 뿔 또는 옥을 사용했
는데 그림에서와 같이 주
로 선과 점을 문양으로
새겼다. 이러한 선과 점
의 문양은 신석기시대에
만들어진 복식과 관련된
가락바퀴와 질그릇 및 뼈
바늘통 등에서도 공통적
으로 나타나는 문양의 구
성요소들이다. 이러한
특징들은 이후 고조선과

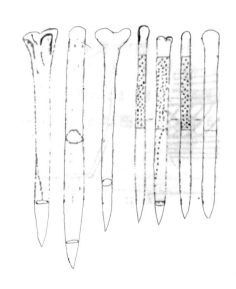

[그림 2] 곽가촌유적 출토 머리꽂이의 모사도

[그림 3] 오가촌유적 출토 머리꽂이

8 郭富純·越錫金,『大連古代文明圖說』, 吉林文史出版社, 2010, 58쪽의 圖2-71.

여러나라시대로 계승된다.

신석기시대 유적 가운데 특기할 부분은 홍산문화 유적들이다. 최근에는 홍산문화에 대한 연구가 어느 정도 이루어져 진보적인 학자들은 홍산문화가 고조선문명의 기원의 하나로 고조선 건국 이전단계의 문화로 추정하고 있다.[9] 홍산문화(서기전 4,500년~서기전 3,000년)는 신석기시대에서 동석병용시대 속하는 문화이다.[10] 신석기시대에서 청동기시대로 가는 과정에서 나타나는 여러 가지 사회변화의 요소 가운데 특히 고고학자료에 나타나는 돌무지무덤, 성터, 옥기, 복식유물 등에서[11] 한민족문화와의 유사성이 찾아진다. 이러한 홍산문화유적에서 출토되어진 복식유물 가운데 두드러지는 것이 옥 장식이다.

일반적으로 중국학자와 일본학자들은 중국이 동아시아에서 가장 일찍 곡옥을 사용했다고 보지만[12], 옥기의 사용은 중국보다 한반도와 만주지역이 훨씬 이르며 곡옥의 사용도 마찬가지이다.[13]

내몽고자치구 동부의 흥륭와유적(서기전 6,200년~서기전 5,200년)에서는 세계에서 가장 오래된 옥귀걸이[그림 4]가 출토되었다.[14] 중국의

---

9 윤내현, 『고조선 연구』, 一志社, 1994 ; 愼鏞廈, 「韓國民族의 기원과 형성」, 『韓國學報』, 일지사, 2000 ; 박선희, 『고조선 복식문화의 발견』, 지식산업사, 2011 ; 우실하, 『동북공정 너머 요하문명론』, 소나무, 2007 ; 임재해, 「'신시본풀이'로 본 고조선문화의 형성과 홍산문화」, 『단군학연구』제 20호, 2009, 329~394쪽.
10 楊虎, 「遼西地區新石器-銅石幷用時代考古文化序列與分期」, 『文物』, 1994年 第5期, 48쪽.
11 박선희, 앞의 책, 2013, 참조.
12 林巳奈夫, 『中國玉器總說』, 吉川弘文館, 1999, 148~278쪽 ; 周南泉, 「故宮博物院藏的幾件新石器時代飾紋玉器」, 『文物』1984年 第10期, 42~48쪽.
13 박선희, 위의 책, 2011, 66~83쪽 참조.
14 中國社會科學院考古研究所, 「-遺址保存完好房址布局淸晰葬俗奇特出土玉器時代之早爲國內之最-興隆洼聚落遺址發掘獲碩果」, 『中國考古集成』東北卷 新石

옥전문 학자들은 흥륭와유적에서 출토된 옥귀걸이는 세계에서 가장 오래된 것이라고 밝혔고, 흥륭와유적에서는 동북 지역에서 가장 이른 시기에 만들어진 새김무늬 질그릇이 출토되어 한민족의 문화와 관련이 있음을 말해준다. 한반도에서도 흥륭와유적과 거의 같은 시기일 것으로 추정되는[15] 강원도 고성군

[그림 4] 흥륭와유적 출토 옥귀걸이

[그림 5] 문암리유적 출토 옥귀걸이

문암리 유적에서도 같은 양식의 옥귀걸이[그림 5]가 새김무늬 질그릇과 함께 출토되어[16] 신석기시대 초기부터 한반도와 만주지역이 같은 문화권이었음을 밝혀준다. 이 시기 둥근양식의 귀걸이가 유행했음을 알 수 있다.

[그림 6]에서 확인되는 홍산문화 후기유적인 요녕성 건평현에 위치

器時代(一), 北京出版社, 608쪽 ; 鞍山日報, "中國最早玉器出自岫岩", 2004年 7 月 14日 (우실하, 앞의 책, 2007, 111~112쪽).

15 우실하, 앞의 책, 2007, 119쪽.
16 국립문화재연구소, 『고성 문암리유적』, 2004.

[그림 6] 우하량 여신묘유적 발굴상황

한 우하량 여신묘유적(서기전 3,500년)에서는 둥근 옥이 안구로 장식된 神像[그림 7]과 큰 규모의 돌무지무덤이 출토되었다. 이 과정에서 많은 양의 다양한 양식의 옥기가 출토되었다.[17]

이 우하량유적에서는 정교하게 만들어진 장식품으로 사용되었을 옥기가 다량 출토되었는데, 곡옥양식[그림 8], [그림 9][18] 등을 비롯한 대부분의 옥장식품들은 구멍이 뚫려있어 끈을 꿰어 의복에 달거나 걸어 장식했을 것으로 여겨진다.

옥기의 발전은 만주지역에서 뿐만 아니라 한반도에서도 마찬가지로 나타난다. 서기전 16세기에 속하는 진주 남강 옥방지구에서 곡옥들이 출토되었다[그림 10].[19] 청동기시대의 유적들에서도 옥이 고루 출토되

17 徐秉民·孫守道, 『東北文化』, 上海遠東出版社, 1996, 26쪽.
18 徐秉民·孫守道, 위의 책, 34쪽 그림 24.
19 李亨求, 『晉州 大坪里 玉房 5地區 先史遺蹟』-南江댐 水沒地區 遺蹟發掘調査報告書 第6冊, 鮮文大學校·慶尙南道, 2001.

[그림 7] 우하량 1호무덤 출토 여신상의 부분

[그림 8] 우하량유적 출토 옥장식 [그림 9] 우하량 4호 무덤유적 옥기 출토 상황

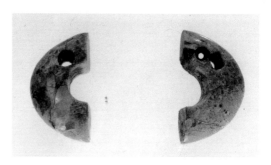

[그림 10] 옥방지구
출토 곡옥

[그림 11] 초포리유적 출토 곡옥

었고, 이후 초기철기시대에 속하는 함평 초포리유적에서도 곡옥이 출
토되었다[그림 11].[20] 이러한 옥장식들은 고조선시대 청동장식단추와
함께 복식에 장식되어 조화를 이루며 화려한 조형미를 나타낸다. 중국
이나 북방지역에서는 이처럼 한반도와 만주지역에서 고루 출토되는
곡옥의 발전양상이 보이지 않고 분포지역도 거의 없다.[21]

홍산문화로부터 비롯되어 고조선시대로 이어지고 삼국시대에 이르
기까지 일관되게 발전해 나간 곡옥양식을 중국학자들은 용으로 해석
한다.[22] 곡옥이 중국학자들의 주장대로 용을 형상화한 것이라면 왜 늘
용의 형상을 작게 구부러진 모습으로만 표현하였는지도 해석되어져
야 할 것이다. 상상의 동물인 용은 성장한 이후 그 위엄과 신비한 몸
짓을 나타낼 것이기 때문에 굳이 용을 곡옥처럼 표현하였을 리 없다

20 국립광주박물관, 『국립광주박물관』, 통천문화사, 1994, 39쪽의 그림 38.
21 박선희, 앞의 책, 2013, 466~482쪽.
22 徐秉民·孫守道, 앞의 책, 1996 ; 郭大順·張克擧, 「遼寧省喀左縣東山嘴紅山文化
   玉器墓的發現」, 『文物』1984年 第11期, 1~11쪽 ; 張廣文, 『玉器史話』, 紫禁城出
   版社, 1991 ; 戴煒·侯文海·鄭耿杰, 『眞賞紅山』, 內蒙古人民出版社, 2007, 190쪽
   ; 朝陽市文化局·遼寧省文物考古硏究所, 『牛河梁遺址』, 學苑出版社, 2004, 53쪽.

고 여겨진다.

곡옥은 삼국시대 신라의 금관에서 더욱 발전적인 형태로 나타나며 허리띠 장식 등 우리나라 국보급 금속 문화재에 자주 등장하는 고유 양식으로 홍산문화로부터 삼국시대에 이르기까지 뚜렷하게 통시적인 발달사를 가진다. 이러한 곡옥은 태아를 상징하였다고 분석되기도 했는데 매우 타당하다고 생각된다. 이 연구에서는 신라금관에 장식된 곡옥은 신라 건국시조 신화와 밀접한 연관성이 있음을 분석하고 있다. 알로 모습을 드러낸 시조인 박혁거세와 금궤 속에 들어있는 김알지의 출현상황을 나타내는 상징물로 곡옥을 상정한 것이다. 그러므로 신라금관에 장식된 곡옥은 신라 건국시조의 출현 상황을 형상화하고 있는 것이다.[23] 금관 이외의 장신구와 공예품들에 다양하게 장식된 곡옥은 생명을 상징하는 것으로 풍요와 영원함을 함께 표현했다고 여겨진다.

그 외에 홍산문화 우하량유적 출토 굽은 옥에 대하여 중국 고고학자들은 『史記』「五帝本紀」의 기록을 근거하여[24] 곰으로 보고 '有熊'의 문화로 해석하고 곰을 가장 중심적인 토템으로 해석한다.[25] 실제로도 우하량유적에서 여신상과 함께 곰의 뼈와 곰상 등이 함께 발견된 바 있어 곰과 관련된 단군신화의 한 단면을 추정하게 한다.

홍산문화유적에서 출토된 옥기에는 장식품이 가장 많은데 굽은 옥

23 임재해,『신라 금관의 기원을 밝힌다』, 지식산업사, 2008, 347~425쪽.
24 『史記』卷1「五帝本紀」. "自黃帝至舜禹, 皆同姓而異其國號, 以章明德, 故黃帝爲有熊."
25 郭大順,『龍出遼河源院』, 白花文藝出版社, 2001, 60쪽.

양식 이외에 사람[그림 12, 13, 14, 15][26], 동물[그림 16, 17, 18, 19][27], 곤충[그림 20, 21, 22, 23][28], 비실용성 도구 등을 조각한 것과 추상적인 형상물[그림 24, 25, 26, 27][29]도 많다. 이들은 대부분 사실적 또는 비사실적인 문양들로 대부분 구멍이 뚫려있어 의복에 달거나 걸어 사용했을 것으로 생각된다.

[그림 12]와 [그림 13] 및 [그림 15]의 사람형상 옥장식은 윗면에 구멍이 있어 의복에 걸거나 달았을 것으로 생각된다. 마치 탈을 연상시키는 장식으로 이를 도안화 하면 좋은 문양이 될 것이다. [그림 17]과 [그림 18]의 옥장식은 독수리와 거북이를 옥으로 표현한 것으로 해석되고, [그림 20]에서 [그림 23]은 풍뎅이와 사마귀, 잠자리, 누에를 옥으로 살아있는 듯 형상화했다. 홍산문화시기에 현존하는 동물과 곤충들이 모두 있었고 이를 장식품으로 표현했음을 알 수 있다.

[그림 24]에서 [그림 27]은 추상적인 형상을 보인다. 중국학자들은 세 개의 구멍이 뚫린 옥기를 '雙人首三孔器'라 명칭하여 세 개의 구멍 좌우에 동물머리를 장식했다는 의미를 부여한다.[30] 또는 '雙首三孔器'라 하여 좌우에 장식된 것을 홍산문화에서 보여지는 동물인 곰의 머

---

26 戴煒·侯文海·鄭耿杰, 앞의 책, 2007, 122·129·134쪽 ; 孫守道·劉淑娟,『紅山文化玉器新品新鑒』, 吉林文士出版社, 2007, 192쪽 그림 179.

27 戴煒·侯文海·鄭耿杰, 위의 책, 2007, 66쪽, 85쪽.

28 孫守道·劉淑娟, 위의 책, 2007, 188쪽 그림 172·176쪽 그림 160, 12쪽·13쪽 ; 徐秉琨·孫守道, 앞의 책, 1996, 34쪽 그림 24.

29 遼寧省文物考古研究所,『牛河梁-紅山文化遺址發掘報告(1983-2003年度)』, 文物出版社, 2012, 圖版284 ; 徐秉民·孫守道, 위의 책, 1996, 44쪽, 그림 39 ; 戴煒·侯文海·鄭耿杰, 위의 책, 2007, 157쪽 ; 孫守道·劉淑娟, 위의 책, 2007, 245쪽

30 徐强,『紅山文化古玉鑑定』, 華藝出版社, 2007, 146쪽.

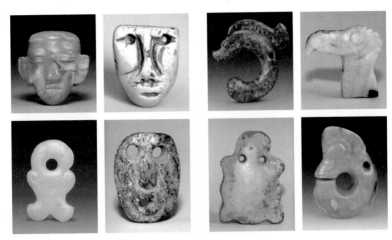

사람형상 옥장식
[그림 12, 13, 14, 15]

동물형상 옥장식
[그림 16, 17, 18, 19]

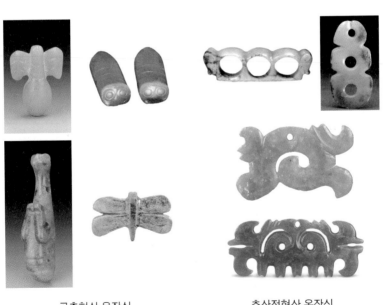

곤충형상 옥장식
[그림 20, 21, 22, 23]

추상적형상 옥장식
[그림 24, 25, 26, 27]

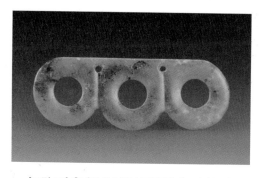

[그림 28] 홍산문화 나일사태유적 출토 '삼공기'

리를 상징화했다고[31] 해석하기도 한다. 그러나 [그림 24]를 제외한 [그림 25]와 [그림 26] 및 [그림 27], [그림 28]은 좌우에 장식이 없이 세 개의 구멍만 있는 '삼공기'로 3개의 태양을 형상화했다고 여겨진다.[32] 만일 3개의 태양을 표현했다면, 이는 환일현상이다. 이 환일은 위도가 높고 기온이 낮은 평지지역에서 잘 일어나는데, 3개의 태양이 떠오르는 현상으로 요서지역의 홍산문화권이 충분히 가능한 지리적 조건을 가지고 있다. 따라서 '삼공기'가 환일현상을 표현했을 가능성이 충분하다고 여겨진다. 어느 날 3개의 태양을 본 홍산문화의 사람들은 무척 경이롭게 생각했을 것이기 때문이다.

만주지역에서는 서기전 4,000년경에 속하는 심양 신락유적에서 검은색 광택이 나는 흑옥 장식품[그림 29]이 많이 출토되었다.[33] 이 장식 문양은 4개의 꽃잎을 표현했다. 당시 사람들의 의복에는 검은색 옥과

31 遼寧省博物館·遼寧省文物考古硏究所, 『遼河文明展 文物集萃』, 遼寧省博物館·遼寧省文物考古硏究所, 2006, 25쪽.

32 우실하, 『3수 분화의 세계관』, 소나무, 2012, 206쪽.

33 沈陽新樂遺址博物館·沈陽市文物管理辦公室, 「遼寧沈陽新樂遺址搶救淸理發掘簡報」, 『中國考古集成』東北卷 新石器時代(二), 北京出版社, 1997, 1038~1039쪽 ; 沈陽市文物管理辦公室, 「沈陽新樂遺址試掘報告」, 『中國考古集成』東北卷 新石器時代(二), 北京出版社, 1997, 1053쪽.

[그림 29] 신락유적 출토 꽃모양 흑옥장식

[그림 30] 동산취유적 출토 부엉새모양 장식

[그림 31] 호두구 3호묘 출토 물고기 장식

푸른색 옥, 흰색 옥 등의 장식품들이 화려하게 장식되었을 것으로 생각된다. 요녕성 객좌 동산취유적에서는 코발트빛 터어키석으로 만든 부엉새 모양의 장신구[그림 30]와 요녕성 호두구 3호묘에서는 같은 재질과 색상의 쌍어문을 연상케하는 두 개의 물고기 장식[그림 31]이[34] 출토되었다. 이러한 내용으로 보아 고조선 이전시기부터 한반도와 만주지역에서는 다양한 옥과 터어키석 등으로 만든 여러 가지 의미를 내포한 장식문화를 발전시켜 나갔고 이후 고조선으로 계승되어졌음을 알 수 있다.

장식품들에서 나타나는 문양의 양식과 기법을 도안화 하면 아래의 내용으로 정리된다. 앞에서 서술했듯이 신석기시대 한반도와 만주지역 복식품에는 선문양과 점문양 또는 사선문양이 개별적으로 나타나기도 하고 이들이 함께 어우러져 나타나는데, 이는 질그릇의 경우에서도 마찬가지이다. 당시 사람들은 선과 점 그리고 사선 등을 도안화 하여 다양한 기하학적 문양을 자유롭게 표현하며 그 속에서 상징적이고 의미론적인 논의를 무궁무진하게 표현해 나갔다고 생각된다.

34 徐秉民·孫守道, 앞의 책, 1996, 50쪽 그림 49·그림 50.

선과 점으로 표현되던 문양은 신석기시대 후기에 오면 옥기를 통해 아름다운 조형성을 창출해 내기 시작한다. 그 예로 홍산문화에서 출토된 옥기들에 보이는 조형성을 들 수 있다. 옥기의 모양을 몇 가지 도안화하고 이들을 반복하거나 공간 속에 자유롭게 정렬했을 때 조화와 부조화, 대칭과 비대칭, 논리와 비논리의 새로운 도안의 세계를 만나게 될 것이다. 그리고 이러한 도안화 과정을 통해 신석기시대 독특한 조형적 양식들이 어떠한 구도나 법칙 없이도 미학적 구성력을 나타내 아름다움을 전달해 주었음을 알 수 있다. 도안1에서 선사시대 복식문양을 몇 가지 도안화하여 자유롭게 제시해 본다.

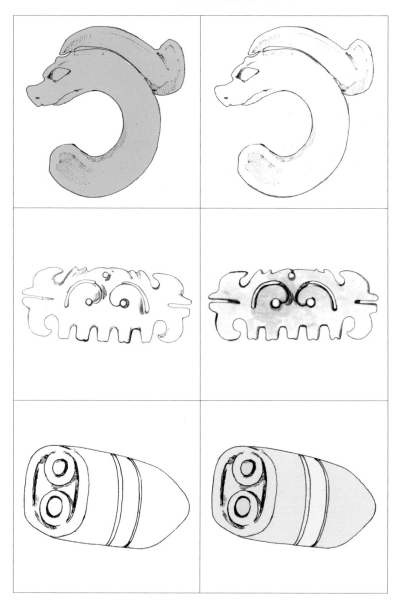

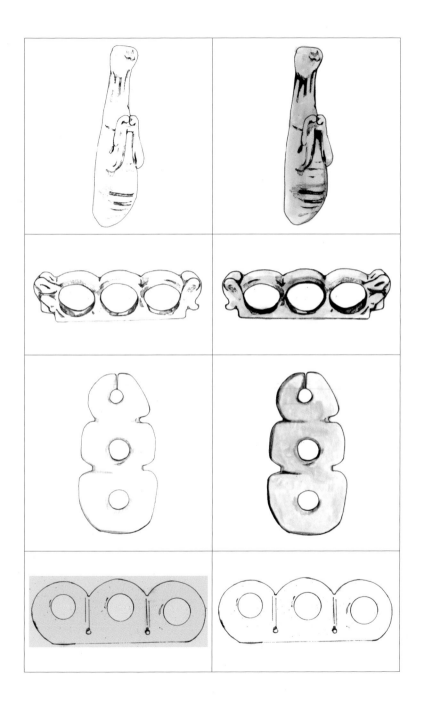

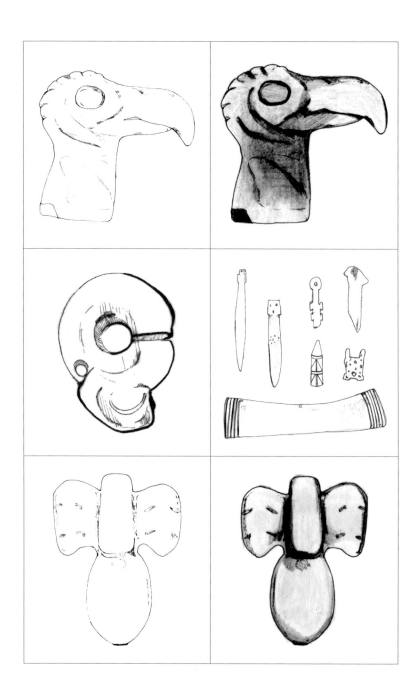

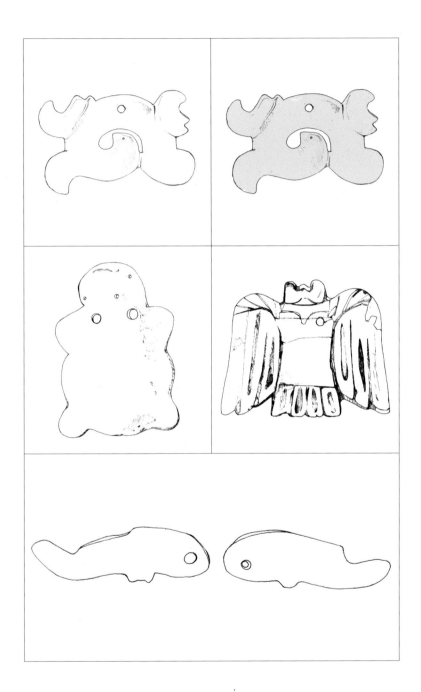

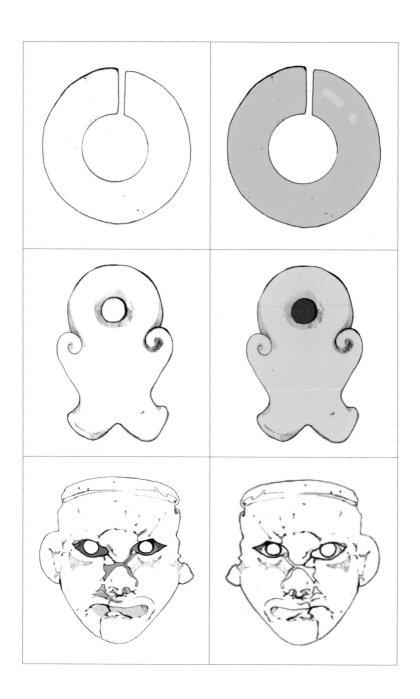

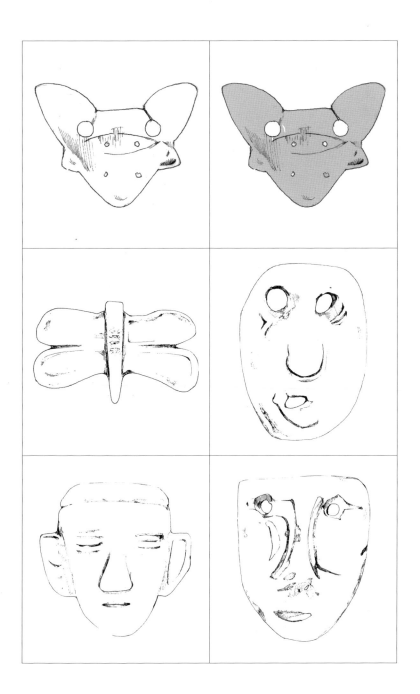

2. 고조선시대 복식 문양의 상징의미와 도안

고조선시대 사람들은 의복의 재료로 다양한 직물과 가죽 및 모피 등을 사용했다. 직물은 모직물과 마직물, 면직물, 실크 등이다.[35] 이들 직물은 염색을 하거나 직조를 통해서 문양을 나타냈을 것이나 현존하는 유물이 없어 그 문양을 살펴볼 수 없다. 고조선의 모직물로 길림성의 星星哨유적에서 출토된 모직물 조각이[36] 있지만 역시 문양을 알 수 없다. 고조선의 실크는 평양지역에서 해방이전과 이후의 것으로 서기전 3세기~서기 전 2세기에 속하는 석암리 21호·194호·205호·212호·214호·219호 묘, 대동군 오야리 18호·19호묘, 정백동 1호·2호·3호·37호·147호·166호·200호·389호묘, 정오동 1호·4호·5호·12호·36호묘·토성동 34호·4호·486호묘 등에서 출토된 것들[37]이 있다.

이들 직물들은 누에의 유전자와 직조방법, 염색기술 등을 같은 시기 중국의 실크와 비교·분석한 결과 고조선의 것으로 밝혀진바 있다.[38] 그런데 위의 직물들이 출토되어진 발굴보고서에는 문양의 양식에 대한 설명은 없다. 단지 낙랑 장진리 200호묘에서 출토된 평직 천에 붓으로 그린 문양이 있다고 했을 뿐이다. 또한 낙랑 ㄹ-442묘 유적의 거울주머니를 만든 진한 밤색의 실크 천에는 넝쿨무늬가 수놓아져 있고, 낙

---

35 박선희,『한국 고대 복식-그 원형과 정체』, 지식산업사, 2002, 25~215쪽 참조.
36 吉林省博物館·永吉縣文化館,「吉林永吉星星哨石棺墓第3次發掘」,『考古學集刊』, 中國社會科學出版社, 1983, 120쪽.
37 조희승,「평양락랑유적에서 드러난 고대비단에 대하여」,『조선고고연구』, 사회과학원 고고학연구소, 1996년 제1호, 20~24쪽.
38 위의 글 참조.

랑 ㄹ441-5 묘 유적의 평직 항라천은 무늬가 있다고 하여 고조선사람들이 다양한 기법으로 문양을 표현했음을 알 수 있다.

이처럼 고조선 사람들이 의복재료에 표현했을 문양은 알 수 없다. 그러므로 의복에 달았던 장식과 장신구를 통해 문양의 종류와 기법에 관하여 알아보기로 한다.

고조선 사람들이 의복에 특징적으로 가장 많이 장식했던 것은 달개장식이다. 달개장식은 한반도와 만주 전 지역의 고조선무덤유적에서 일정하게 출토되어져[39] 고조선의 표지유물이나 마찬가지이다. 이 달개장식이 표지유물일 수 있는 또 다른 까닭은 신석기시대부터 고조선 영역에서 출토되어지는 가락바퀴와 질그릇 및 청동기 등에 특징적으로 보이는 새김문양을 나타내거나, 고조선의 청동거울이나 비파형동검 검집에 나타나는 문양과 같은 잔줄문양을 보임으로써, 고조선의 유물이 갖는 특징과 맥락을 같이 하기 때문이다.[40] 한반도에서도 경상북도 영천군 어은동유적[그림 32], [그림 33]에서 잔줄문양이 있는 여러 양식의

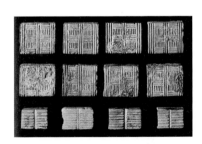 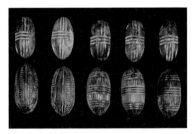

[그림 32] 어은동유적 출토
네모 양식의 청동달개장식

[그림 33] 어은동유적 출토
타원형 양식의 청동달개장식

---

39 윤내현·박선희·하문식, 『고조선의 강역을 밝힌다』, 지식산업사, 2006 참조.
40 박선희, 앞의 책, 2002, 547~612쪽 참조.

[그림 34] 정가와자 6512호 유적
청동달개장식 출토상황

달개장식들이[41] 출토되었다.

이러한 잔줄문양의 장식은 한반도뿐만 아니라 만주지역에서도 마찬가지이다. 서기전 7세기~서기전 5세기경에 속하는 요녕성 심양시의 정가와자 6512호 묘에서도 비파형동검과 함께 많은 양의 청동장식단추가 출토되었다[그림 34]. 정가와자 6512호 묘에서는 매장자의 발밑에서 주로 청동장식단추들이 많은 량 출토되어[42] 가죽신에 빼곡히 달았던 것으로 추정된다. 가죽신발은 요즘 신는 긴 부츠 형태로 신의 위부터 아래까지 모두 덮어 무척 화려했을 것으로 생각된다.

이 정가와자유적에서 출토된 달개장식은 문양이 있는 것도 있으나 문양이 없는 달개장식이 대부분이다. 이와 달리 서기전 8세기경에 해당하는 요녕성 금서현 오금당유적에서 출토된 청동 달개장식은 양식

41 고고학 및 민속학연구소, 『나진초도원시유적 발굴보고서』, 유적발굴보고 제1집, 과학원출판사, 1956, 45쪽 ; 고고학연구소, 「무산범의구석 발굴보고」, 『고고민속론문집』 6, 사회과학출판사, 1975, 205쪽 ; 국립경주박물관, 『국립경주박물관』, 통천문화사, 1995, 17쪽·80쪽.
42 沈陽市文物工作組, 「沈陽地區出土的靑銅短劍資料」, 『中國考古集成』 東北卷 靑銅時代(二), 北京出版社, 1997, 1880쪽. 박진욱, 『조선고고학전서』 고대편, 과학백과사전종합출판사, 1997, 56~59쪽.

도 네모이고 그 안에 또 작은 네모문양을 사선과 함께 연속 장식했다. 그리고 뒷면에는 삼각형으로, 옆면에는 긴네모문양으로 입체화하였다[그림 35].[43] 이러한 달개장식에서 나타나는 문양을 종합해 보면 주로 새김무늬 질그릇과 같은 양식의 잔줄문양을 나타냈음을 알 수 있다.

다음으로 허리띠 장식의 양식과 남아있는 문양을 살펴보기로 한다. 남아있는 고조선의 허리띠장식에서도 부분적으로 문양을 엿볼 수 있다. 고조선지역에서는 다양한 양식의 허리띠 장식을 사용했음이 출토 유물에서 확인된다. 길림성 대안현에 위치한 고조선의 유적인 대가산유적에서는 청동기시대 초기의 청동 허리띠장식[그림 36]이 청동

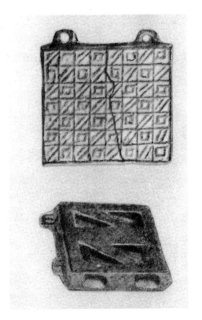

[그림 35] 오금당유적 출토 청동제 달개장식

[그림 36] 대가산유적 출토 청동제 허리띠 장식

달개와 함께 출토되었으나 문양은 없다.[44] 서기전 8세기에서 서기전 7

---

43 조선유적유물도감편찬위원회, 『조선유적유물도감』 2-고조선·진국·부여편, 조선유적유물도감편찬위원회, 1989, 44쪽, 그림 51.

44 吉林省文物工作隊, 「吉林大安縣洮兒河下游右岸新石器時代遺址調査」, 『考古』,

[그림 37] 십이대영자유적 출토
청동제 허리띠장식

[그림 38] 십이대영자유적 출토
청동제 허리띠장식

세기에 속하는 요녕성 조양현 십이대영자에서 청동허리띠장식이 2개
출토되었다[그림 37], [그림 38].[45] [그림 37]은 가운데 미소 짓는 사람
의 얼굴문양이 보이고 긴 목부분은 새김문양 청동거울처럼 기하학문
양을 지그재그로 연결했으며, 주변은 선 문양을 이중으로 둘렀다. [그
림 38]은 대칭으로 새의 조형성을 표현했고, 가운데를 원형으로 꼬아
네모장식으로 마무리하였다. 두 장식 모두 독특한 현대적인 조형미를
보인다.

　고조선시기에 많이 사용된 허리띠 장식 가운데 하나가 긴고리 모양

　　1984年 8期, 689~697쪽.
45　조선유적유물도감 편찬위원회, 앞의 책, 1989, 40~43쪽 ; 朱貴,「遼寧朝陽十二
　　臺營子靑銅短劍墓」,『中國考古集成』東北卷 靑銅時代(二), 北京出版社, 1997,
　　1393~1400쪽.

[그림 39] 정백동 3호묘 유적
출토 청동제 허리띠장식

[그림 40] 정백동 3호묘 유적 출토 장식품

의 청동허리띠장식이다. 이러한 고리모양 청동허리띠장식[그림 39][46]
이 서기전 1세기 후반에 속하는 정백동 3호묘 유적에서 새와 물고기
등을 표현한 다양한 장식품[그림 40][47]들과 함께 출토되어 의복에 다
양하게 장식했을 갖춤새를 짐작하게 한다. 긴 고리모양 청동허리띠장

식은 평양시 락랑구역 정
백동유적들에서 자주 보
인다. 서기전 1세기 후반
기에 속하는 정백동 37호
묘 유적에서는 청동달개
와 함께 비교적 단순한 긴
고리모양 청동 허리띠장
식[그림 41]이 출토되었
다. 그 외에 비교적 화려
한 호랑이 얼굴이 돋보이

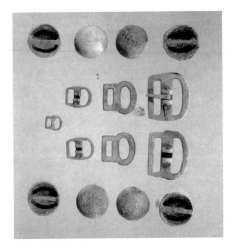

[그림 41] 정백동 37호묘 유적 출토
청동제 허리띠장식

---

46 조선유적유물도감 편찬위원회, 앞의 책, 1989, 123쪽 그림 272.
47 조선유적유물도감 편찬위원회, 위의 책, 123쪽 그림 274.

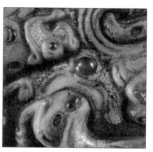

[그림 42] 정백동 37호묘 유적 출토
청동제 호랑이 문양 허리띠장식

[그림 42-1] 문양의 부분
확대모습

[그림 43] 정백동 37호묘 유적 출토
청동제 호랑이 문양 허리띠장식

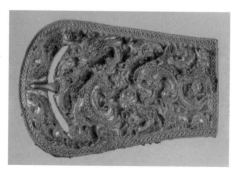

[그림 44] 석암리 9호묘 유적 출토
금제 용 문양 허리띠장식

는 청동허리띠장식[그림 42], [그림 42-1]이 함께 출토되어 고조선사
람들이 의복에서 허리띠 장식을 다양하게 연출하였음을 알 수 있다.
이 허리띠장식은 발굴자들이 '범무늬띠고리'라고 이름하였다. 청동허
리띠장식에 원형의 돌출한 문양을 두르고 사이사이 긴 점문양을 촘촘
히 새긴 금판을 넣어 양각으로 짐승문양을 표현하고 그 위에 비취석
을 비롯한 다양한 색상의 보석을 박아 넣어 화려함을 더했다. 이와 유
사한 청동허리띠장식이 서기전 1세기 후반기에 속하는 정백동 92호
무덤에서도 출토되었다. [그림 43]의 '짐승무늬띠고리'장식은[48] 앞에
서술한 청동허리띠장식과 유사하다. 단지 둘레를 선문양으로 장식한
것에 차이가 있을 뿐이다. 이러한 청동허리띠장식 보다 훨씬 정교한
문양을 보여주는 것이 보다 늦은 서기 1세기 초에 속하는 석암리 9호
무덤유적에서 출토되었다. [그림 44]의 금으로 만들어진 '룡무늬금띠
고리'이다.

이 '룡무늬금띠고리'는 길이 9.4cm로 금판위에 가는 금사를 둘러 다
양한 문양을 만들고 원형의 구슬양식을 이어 붙여 유동적인 문양을 자
유롭게 조화시키고 다시 그 위에 비취석을 여러 곳에 박아 넣어 매우
섬세하고 화려한 양식의 허리띠장식이다. 다양한 문양의 복합적 양식
으로 섬세함과 화려함의 깊이있는 높은 수준을 보여준다.

이처럼 화려한 허리띠장식과 함께 벽옥[그림 45] 및 곰모양 장식품
[그림 46][49]이 여럿 출토되었다. 벽옥장식에는 고조선의 질그릇에서
자주 보이는 타래문양이 엇갈려 장식되었고, 가운데 둥근 원을 중심

---

48 조선유적유물도감 편찬위원회, 앞의 책, 1989, 141쪽의 그림321·322.
49 위의 책, 146쪽의 그림335·336.

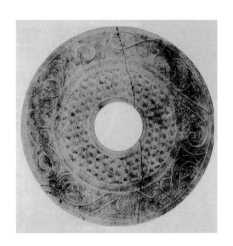

[그림 45] 석암리 9호묘 출토 벽옥

[그림 46] 석암리 9호묘 출토
청동달개와 곰모양 장식

으로 작은 원을 돌기양식으로 원을 따라 돌려 장식했다. 마치 둥근 태양을 중심으로 태양 주변에 타오르는 불꽃을 표현한 것처럼 보여진다. 곰모양 장식은 장식단추 등과 함께 출토되었는데 얼굴표정이 매우 해학적이며 현대적인 조형미를 보인다. 이러한 장식양식과 기법을 도안화 하고 다음의 내용들로 이들 문양을 서로 조합하면 매우 다양한 조형이치들을 만나게 될 것으로 생각된다.

앞에서 서술한 평양 낙랑구역의 유물들은 기존연구에서 중국의 한나라 시대의 유물일 것으로 분석되었다. 이것은 과거 일본인들이 대동강 유역을 발굴하고 그 유적과 유물을 해석하는데 오류를 범하여 그 지역이 한사군의 樂浪郡이었다고 주장되었던 까닭이다. 그러나 해방이후 지금까지의 연구에서 낙랑·임둔·

진번은 灤河와 大凌河 사이에 위치해 있었고, 현토군은 大凌河와 지금의 遼河 사이에 있었으며, 그 가운데 낙랑군의 위치는 난하 하류 동부 유역이었다는 견해가 제출되어있다.[50] 또한 1977년 요녕성 錦西지역에서 출토된 '臨屯太守章' 封泥는 한사군이 지금의 요서지역에 설치되었을 가능성도 제기되었다.[51]

이 같은 사실은 평양 일대에서 출토된 서기전 3세기에서 서기전 1세기에 해당하는 복식유물인 실크의 분석에서도 확인되었다.[52] 또한 출토된 청동 및 철기의 금속유물도 그 구성 성분이 중국의 것과 달라 이들을 고조선 유민들의 것으로 분류되었다.[53] 한사군 가운데 낙랑군이 설치된 연대는 서기전 108년이다. 만일 낙랑군이 평양 낙랑구역에 위치해 있었다면 이들 유물들은 중국의 특징을 나타내야 한다. 그러나 낙랑구역에서 출토된 복식유물들이 모두 고조선의 것으로 분석되어, 낙랑구역에서 출토되는 유적이나 유물들은 한사군의 낙랑군유적이 아니라 고조선 유적으로 인식된다.[54]

이러한 복식유물에 대한 분석을 통해 적어도 서기전 3세기에서 서기 2세기까지의 기간에 평양지역에는 한사군의 낙랑군이 위치한 것이 아니라 낙랑국이 거주했음을 밝힌 연구도 제출되었다.[55] 이 연구에

---

50 윤내현, 『고조선 연구』, 일지사, 1995, 394~395쪽.
51 복기대, 「臨屯太守章 封泥를 통해 본 漢四郡의 위치」, 『白山學報』 제61호, 白山學會, 2001, 47~62쪽.
52 조희승, 앞의 글, 1996, 20~24쪽.
53 강승남, 「락랑유적의 금속 유물에 대하여」, 『조선고고연구』, 사회과학원 고고학연구소, 1996년 제2호, 37~43쪽.
54 박선희, 앞의 책, 2011, 211~270쪽.
55 위와 같음.

서는 문헌자료를 통해 낙랑국의 실체를 다음과 같이 밝히고 있다. 즉 최리왕이 다스렸던 낙랑국은 가장 이른 기록이 서기전 28년에 보이고 있어[56] 건국은 이보다 앞섰을 것이다. 이후 낙랑국은 고구려 대무신왕 15년(서기 32년)에 낙랑왕 최리의 공주가 왕자 호동의 지시로 적이 나타나면 알려주는 鼓角을 부수게 되어 고구려의 침략을 받아[57] 국력이 차츰 약화되었다. 이후 5년이 지나 서기 37년에 고구려에게 멸망하였다.[58] 그러나 서기 44년에 낙랑국은 동한 광무제의 도움으로 재건되어[59] 서기 300년 대방국과 함께 신라에 투항할 때까지 존속했다.[60] 이러한 내용으로부터 낙랑국은 적어도 서기전 1세기 무렵에 건국되어 서기 300년까지 존속했으므로 서기전 1세기 전후한 시기에 속하는 복식유물과 서기 2세기 무렵에 속하는 유물들은 낙랑국의 유물일 가능성이 크다. 또한 낙랑국이 대동강유역에 위치하였으므로, 한사군의 낙랑군이 서기 313년에 고구려 미천왕에게 축출되었다는[61] 사실과 연관하여 보았을 때 서기 300년에 멸망한 낙랑은 최리왕의 낙랑국으로 대동강유역에 위치해 있었고, 서기 313년에 고구려의 침략을 받은 낙랑은 한사군의 낙랑군이었다는 사실이다. 따라서 일본인들이 한사군의 유적과 유물로 해석한 낙랑구역에서 발굴한 유적과 유물들은 최리왕

---

56 『三國史記』卷1「新羅本紀」始祖 赫居世居西干 30年條 참조.

57 『三國史記』卷14「高句麗本紀」大武神王 15年條 참조.

58 『三國史記』卷1「新羅本紀」儒理尼師今 14年條. "高句麗王無恤, 襲樂浪滅之."

59 윤내현, 『한국열국사연구』, 지식산업사, 1998, 130~135쪽.

60 『三國史記』卷2「新羅本紀」基臨尼師今 3年條. "3월에 牛頭州에 이르러 太白山에 望祭를 지냈다. 낙랑과 대방 兩國이 귀복하였다(三月, 至牛頭州, 望祭太白山, 樂浪·帶方兩國歸服)".

61 『三國史記』卷17「高句麗本紀」美川王 14年條. "고구려가 서기 313년에 낙랑군을 치고 남녀 2천여명을 사로잡았다(十四年, 侵樂浪郡, 虜獲男女二千餘口)."

의 낙랑국의 것이라 할 수 있다.[62] 이처럼 낙랑구역에서 출토된 복식
유물들은 한사군의 낙랑군이 아니라 낙랑국의 생산품인 것으로 밝혀
진 것이다. 따라서 앞에 필자가 분석한 낙랑구역에서 출토된 허리띠
장식 등은 낙랑국의 복식유물로 고구려와 밀접한 관련을 가진다고 분
석될 수 있고 한국 고대 사람들의 고유한 복식문양으로 자리매김 될
수 있을 것이다.

그리고 앞서 나열된 복식문양 가운데 잔줄문양과 선문양, 곰과 호
랑이 복식에 자주 나타나 고조선의 고유한 문양 특징으로 자리매김
되는데 그 까닭은『三國遺事』에 보이는 단군신화에서[63] 찾아진다. 단
군신화는 고조선 이전시기와 고조선시기 사회 발전과정을 압축해서
서술하고 있다. 고고학의 시대로 보면 환인의 시대는 구석기시대이
고 환웅의 시대는 전기 신석기시대이며 환웅과 곰녀가 결합한 시대는
후기 신석기시대에 속하게 된다. 이후 단군왕검이 건국한 시대는 청
동기시대로 사회발전 단계로 보면 국가사회인 것이다.[64] 환웅족은 단
군신화의 내용에서 잘 드러나듯이 하늘에서 강림한 천신족이자 천신,
곧 하느님과 태양신을 섬기는 신앙과 문화를 가졌으며 고조선 건국과

....

62 주 54와 같음.
63 『三國遺事』卷1「紀異」古朝鮮條. "古記云, 昔有桓因庶子桓雄, 數意天下, 貪求
　　人世, 父知子意, 下視三危太伯可以弘益人間, 乃授天符印三個, 遣往理之. 雄率
　　徒三千, 降於太伯山頂神壇樹下, 謂之神市, 是謂桓雄天王也. 將風伯·雨師·雲師,
　　而主穀主命主病主刑主善惡, 凡主人間三百六十餘事, 在世理化. 時有一熊一虎,
　　同穴而居, 常祈于神雄, 願化爲人. 時神遣靈艾一炷·蒜二十枚曰, 爾輩食之, 不見
　　日光百日, 便得人形, 熊虎得而食之忌三七日, 熊得女身, 虎不能忌, 而不得人身.
　　熊女者無與爲婚, 故每於壇樹下, 呪願有孕, 雄乃假化而婚之, 孕生子. 號曰壇君
　　王儉, 以唐高(堯)卽位五十年庚寅, 都平壤城, 始稱朝鮮."
64 윤내현, 앞의 책, 1995, 90~169.

정에서 주체적인 역할을 했던 것으로 해석된다.[65] 이러한 천신신앙의 전통을 상징하기 위해 햇살을 표현한 새김문양을 자주 사용했을 것으로 여겨진다. 뿐만 아니라 고조선 장식품에 곰과 호랑이가 자주 등장하는 것도 단군신화의 내용에 보이는 곰족과 범족을 상징화했을 것으로 생각된다.

이러한 단군신화에 나타나는 상징성들이 창조적 도안과 콘텐츠물로 만들어져 전래설에만 머물러 있는 우리문화의 잠재적 문화 역량을 살려내 전통도안과 문화콘텐츠 구축에 힘써야 할 것이다. 이 과정에서 복식과 복식문양에 나타난 특징들의 올바른 상징의미를 찾아야 한다. 고조선 복식문양 도안의 몇 가지 예를 제시하면 다음의 내용이다.

---

65 임재해, 「신시고국 환웅족 문화의 '해'상징과 천신신앙의 지속성」, 『단군학연구』 제23호, 2010, 343~399 참조.

■도안2■ 고조선 복식문양의 도안 예시

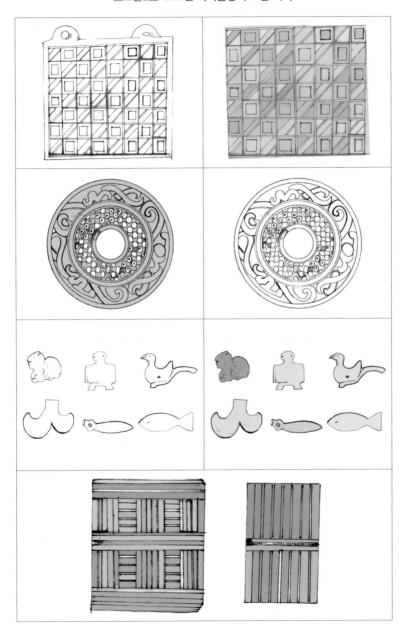

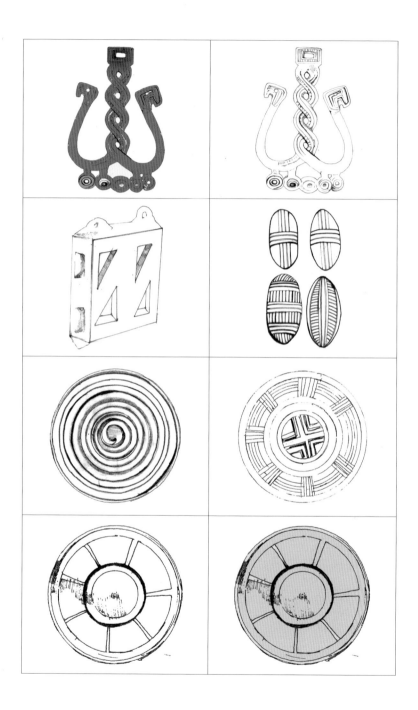

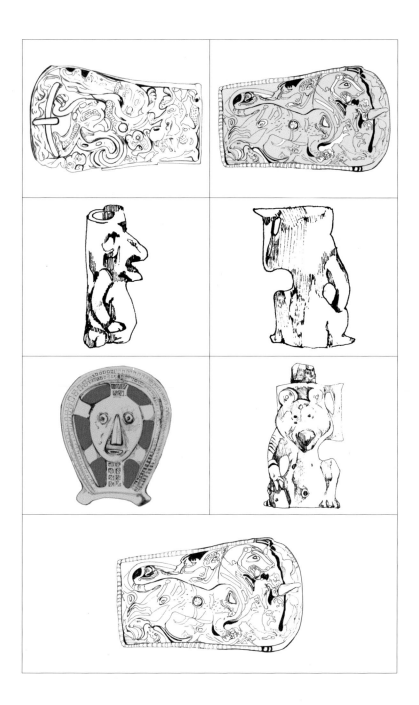

3. 여러나라시대 복식 문양의 종류와 도안

고조선시대에는 의복에 옥과 청동, 철을 재료로 하여 만들어진 문양이 새겨진 장식들이 적극적으로 사용되었던 것으로 보아 무척 화려한 옷 차림새였을 것으로 생각된다. 복식에 사용된 달개장식은 고조선 붕괴 이후 열국으로 이어져 나라마다 지역성을 달리하여 부여와 고구려, 예, 한, 옥저 등에서 모두 광범위하게 사용했다. 『後漢書』의 「東夷列傳」과 『三國志』의 「烏丸鮮卑東夷傳」 濊傳에는 다음의 기록이 보인다.

(예 사람들은) 남녀 모두 曲領을 입었는데, 남자는 銀花를 옷에 달았으며, 넓이가 여러 寸으로 장식되었다.[66]

이를 통해 濊에서 일반적으로 남자들이 입는 웃옷에 은으로 만든 꽃 달개장식을 달아 장식했음을 알 수 있다. 이러한 복식장식 기법은 당시의 중국이나 북방지역에서는 찾아 볼 수 없는 화려하고 수준 높은 복식 양식이라 할 것이다.

고구려 복식에서도 이러한 장식양식을 했음을 『後漢書』의 「東夷列傳」 고구려전의 기록에서 엿볼 수 있다.

(고구려 사람들은) 그들의 공공모임에 모두 물감을 들인 오색실로 섞

---

66 「後漢書」 卷85 『東夷列傳』 濊傳. "男女皆衣曲領.";『三國志』 卷30 「烏丸鮮卑東夷傳」 濊傳. "男女皆著衣曲領, 男子繫銀花廣數寸以爲飾."

[그림 47] 왕회도의 고구려와 백제의 사신복식

[그림 48] 평강지구유적 출토 금동장식

어 수놓아 짠 絲織物 옷을 입고 금과 은으로 장식했다.[67]

고구려는 고조선을 계승했으므로 이러한 고구려의 장식기법은 고조
선의 전통을 이었다고 하겠다. 그 실제 모습이 왕회도의 고구려 사신
과 백제사신의 복식[그림 47]에서 확인된다.

또한 서기전 2세기~서기 2세기에 속하는 요녕성 평강지구유적에서
는 삼족오 아래 곰과 호랑이가 묘사되어있는 금동 장식품[그림 48]이[68]
출토되어 단군신화의 내용이 상징된 것으로 해석된다. 고구려가 고조
선을 이어 원형의 달개장식과 단군신화를 묘사한 장식들을 사용했다
는 점은 고조선을 이었음을 그대로 보여주는 것이다.

동부여의 유적인 흑룡강성 액이고납우기 拉布達林의 무덤에서 청
동달개장식이 출토되어[69], 부여에서도 의복에 달개장식을 장식했음
을 알 수 있다. 『三國志』의 「烏丸鮮卑東夷傳」 夫餘傳에서 부여에는 붉
은 옥과 아름다운 구슬이 나는데 구슬의 크기가 대추만하다고 하였
다.[70] 실제로 동부여의 유적인[71] 길림성 유수현 노하심에서 출토된 붉

---

67 『後漢書』卷85「東夷列傳」高句麗傳. "其公會衣服皆錦繡金銀以自飾."
68 徐秉琨·孫守道, 『中國地域文化大系』, 上海遠東出版社, 1998, 129쪽의 그림
   149.
69 內蒙古文物考古研究所·呼倫貝爾盟文物管理站·額爾古納右旗文物管理所, 「額
   爾古納右旗拉布達林鮮卑墓郡發掘簡報」, 『中國考古集成』東北卷 兩晉至隋唐
   (一), 北京出版社, 1997, 114~122쪽.
70 『三國志』卷30「烏丸鮮卑東夷傳」夫餘傳. "…出名馬·赤玉·貂狖·美珠, 珠大者如
   酸棗."
71 吉林省文物工作隊·長春市文管會·楡樹縣博物館, 「吉林楡樹縣老河深鮮卑墓群
   部分墓葬發掘簡報」, 『文物』1985年 第2期, 68~82쪽 ; 孫守道, 「'匈奴西岔溝文
   化'古墓群的發現」, 『文物』1960年 第8·9期, 25~36쪽 ; 尹乃鉉, 「扶餘의 분열
   과 變遷」, 『祥明史學』第三·四合輯, 1995, 447~480쪽 ; 박선희, 앞의 책, 2002,

은색 瑪瑙 구슬 목걸
이와 금 귀걸이가[그
림 49]⁷² 출토되었
다. 동부여의 이러한
장식품에서도 원형
의 달개를 사용한 점
을 확인할 수 있다.

[그림 49] 노하심유적 출토 금귀걸이

고구려사람들은
공공모임에는 모두
繡錦 옷을 입고 금과
은으로 장식했다는
⁷³ 기록이 있는 것으
로 보아 錦으로 만든
옷이 대중화되었음
과 의복에 금속 달개

[그림 50] 산북리유적 출토 금달개장식

를 장식했다고 생각된다. 실제로 고구려 사람들이 달았던 금으로 만
든 달개장식이 고구려 초기유적인 평안북도 산북리에서 출토되었는
데⁷⁴ 둥근양식의 둘레에 새김문양과 원형의 돌기문양을 보인다[그림

617~618쪽 ; 오강원, 『서단산문화와 길림지역의 청동기문화』, 學研文化社,
2008 참조.
72 王永强·史衛民·謝建猷, 『中國小數民族文化史』 東北卷 一, 廣西教育出版社,
1999, 32~33쪽.
73 『後漢書』卷85「東夷列傳」高句麗傳. "其公會衣服皆錦繡, 金銀以自飾."
74 조선유적유물도감 편찬위원회, 앞의 책, 1989, 280쪽 그림 483.

50]. 동옥저 사람들도 고구려와 의복이 같았다고하였으므로[75] 그 양식과 장식이 같았을 것으로 여겨진다. 마한 사람들은 金·寶貨·錦·모직물 등을 귀하게 여기지 않았으며, 오직 구슬을 귀중히 여겨서 옷에 꿰매어 장식하기도 하고 목이나 귀에 달기도 했다.[76] 이러한 내용으로 보아 한반도와 만주 전 지역에서 의복에 다양한 양식의 장식을 했음을 알 수 있고, 주된 양식은 주로 둥글린 양식이었다고 생각된다.

요녕성 西豊 西岔溝 古墓는 발굴자들에 의하면 서한 초기부터 宣帝 初期(서기 전 206~서기 전 약 70년경)에 속하는 흉노족의 유적으로 분류되기도 하고[77] 부여족의 유적으로 분류되기도 한다.[78] 서풍지역은 원

[그림 51] 서차구무덤에서 출토된 호랑이와 새가 표현된 청동 장식

75 『後漢書』卷85「東夷列傳」東沃沮傳. "言語·飲食·居處·衣服有似句驪."
76 『後漢書』卷85「東夷列傳」韓傳. "不貴金寶錦罽, 不知騎乘牛馬, 唯重瓔珠, 以綴 衣爲飾."
77 孫守道, 앞의 글, 25~36쪽.
78 董學增,「關于我國東北系'觸角式'劍的探討」,『中國考古集成』東北卷 青銅時代

래 고조선의 영토였다가 고조선이 붕괴된 후에는 고구려가 위치했던 지역이기 때문에 서차구 고묘는 고조선 말기부터 고구려 초기에 해당하는 부여족의 유적일 가능성이 크다.[79] 이 유적에서는 화려한 문양을 나타내는 화려한 장식들이 출토되었다. [그림 51]은 호랑이와 큰새가 서로 마주하고 있는 모습을 표현한 장식이다. [그림 52]는 날카로운 발톱을 드러낸 짐승과 두 마리의 양을 표현한 금동장식이다. 이들 장식과 함께 마노와 옥, 금을 재료로 한 목걸이[그림 53]가[80] 출토되었는데 주로 원형과 긴 대롱양식으로 이어져 있다. 이러한 장식과 목걸이는 부여사람들의 의복 장식과 치레거리가 매우 화려했음을 알게 해준다.

[그림 52] 독특한 모양의 짐승과 두 개의 양이 혼합된 문양

(一), 北京出版社, 1997, 35~42쪽.
79 박선희, 앞의 책, 2002, 616~621 참조.
80 徐秉琨·孫守道, 앞의 책, 1998, 128쪽의 그림 147·129쪽의 그림 150·130쪽의 그림 151.

[그림 53] 서차구무덤에서 출토된 목걸이

화려한 장식의 복식은 북방지역에서 뿐만 아니라 한반도의 남쪽지역에서도 마찬가지였다. 변한지역의 유적인 김해 양동리에서 출토된 2세기 무렵에 속하는 이중 구조의 수정목걸이[그림 54]와 김해 양동리에서 출토된 3세기에 속하는 목걸이[그림 55]는[81] 대부분 원형과 굽은 옥양식 및 다면체 양식의 구슬을 꿰어 만들었다. 『後漢書』의 내용에서와 같이 구슬을 중시하여[82] 장식품을 만들었음을 알 수 있다. 특히 가야사람들이 굽은 옥 양식을 목걸이[그림 55]와[83] 금관[그림 56]양식[84]에 사용했던 것으로 보아 홍산문화의 전통이 한반도의 남쪽에 이

81 국립김해박물관, 『국립김해박물관』, 통천문화사, 1998, 52쪽·53쪽.
82 주 76과 같음.
83 국립김해박물관, 위의 책, 52쪽의 그림 78.
84 국립김해박물관, 위의 책, 61쪽.

 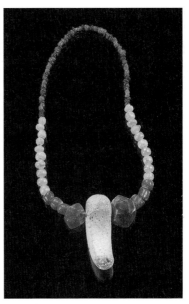

[그림 54] 김해 양동리 출토　　　　　[그림 55] 김해 양동리출토 목걸이
　　이중구조의 수정 목걸이

[그림 56] 전고령출토 금관

르기까지 지속적으로 이어졌음을 알 수 있다.

가야지역에서 출토되는 귀걸이양식은 대체로 [그림 57]과 [그림 58]에서와 같이 원형과 나뭇잎양식으로 구성되어있으며 선과 둥근점 양식으로 금판을 장식하였다. 이러한 귀걸이와 한 벌을 이루었을 허리띠 장식이 비록 재질은 다르지만 [그림 59]의 은제허리띠 및 드리개이다.[85] 은제 허리띠양식은 나뭇잎 양식으로 계속 이어져있고 그 위 네모양식 안에 불꽃문양을 연이어 장식하였으며 아래에 물고기장식 등이 이어졌다. 이러한 양식들은 대부분 고구려 복식양식으로 계승되어진다. 이렇게 서술한 장식양식과 기법을 도안화 하여 제시하면 다음의 내용들이다.

[그림 57] 합천 옥전 M3호 무덤 출토 금귀걸이

[그림 58] 창녕 교동출토 금귀걸이

85 김해박물관, 앞의 책, 1998, 130쪽의 그림 187.

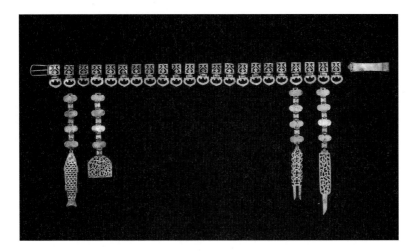

[그림 59] 창녕 교동 12호 무덤 출토 은제허리띠 및 띠드리개

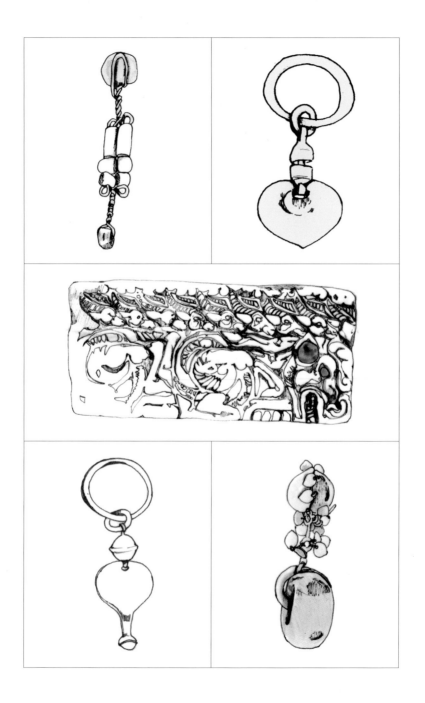

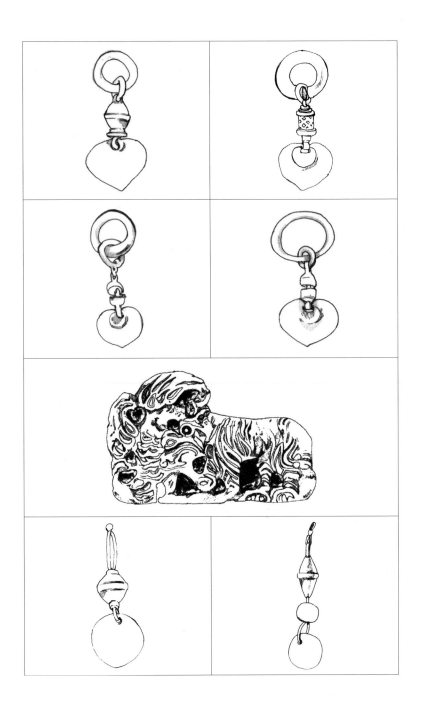

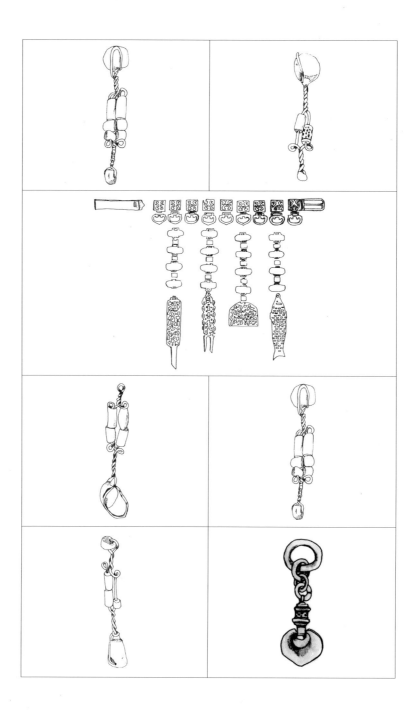

Ⅲ. 고구려 의복 양식의
종류와 문양의 도안 콘텐츠

1. 관모양식의 종류와 문양의 도안

(1) 관모양식의 종류와 문양의 상징의미

고대 한민족은 변과 절풍 및 책으로 불리 우는 관모들을 오랫동안 써 왔다. 고대 한민족의 관에 대하여 『後漢書』의 「東夷列傳」 序에서는, "東夷는 거의 모두 토착민으로서, 술 마시고 노래하며 춤추기를 좋아 하고, 弁을 쓰거나 錦으로 만든 옷을 입었다."[86]고 하고 있다. 東漢시대 한반도와 만주에 거주하던 한민족이 공통적으로 변이라 불리우는 윗부분이 올라간 변을 썼는네, 이들을 모두 토착인이라 했으므로 이 모

---

86 『後漢書』卷85 「東夷列傳」 序. "東夷率皆土著, 憙飮酒歌舞, 或冠弁衣錦."

자는 고조선시대부터 사용해왔을 것으로 생각된다.

　고구려의 경우도 백성들은 변을 쓰고[87], 大加와 主簿는 모두 중국의 책과 비슷한 관을 쓰며 소가는 절풍을 쓰는데[88] 이 책과 절풍의 모습에 대해『後漢書』「東夷列傳」의 高句麗傳에서는, "대가와 주부는 모두 책을 썼는데, 책과 같기는 하지만 뒤로 늘어뜨리는 부분이 없다. 소가는 절풍을 썼는데, 그 모양이 변과 같다."[89]고 했다.

　『南齊書』의「列傳」고구려전에서는, "고(구)려인의 습속은 통이 큰 바지를 입고 양(梁)이 하나인 절풍을 썼는데 책이라 했다. 五經을 읽을 줄 알았다. (고구려) 사신이 京師에 있을 때 中書朗 王融이 그를 희롱하여 '입은 것이 적합하지 않는 것은 몸의 재앙이라는 말이 있는데, 머리 위에 얹은 것은 무엇인가?' 라고 했다. (고구려 사신이) '이것은 바로 옛날 변의 남은 모습이다'라고 대답했다."[90]고 한 기록으로부터 책과 절풍은 변의 모습으로부터 변화를 가졌음을 알 수 있다. 또한 중국 사신이 머리위에 얹은 것이 무엇이냐고 물었던 점으로 보아 고구려의 책은 중국에 없는 모자 임을 알 수 있다.

---

87 『舊唐書』卷199「列傳」高(句)麗傳. "國人衣褐載弁.";『新唐書』卷220「列傳」高(句)麗傳. "庶人衣褐, 在弁."
88 『後漢書』卷85「東夷列傳」高句麗傳. "대가와 주부는 모두 책을 쓰는데, 冠幘과 같기는 하지만 뒤로 늘어뜨리는 부분이 없다. 소가는 절풍을 쓰는데, 그 모양이 고깔과 같다(大加·主簿皆著幘, 好冠幘而無後, 其小加著折風, 形如弁).";『三國志』卷30「烏丸鮮卑東夷傳」高句麗傳. "大加와 主簿는 머리에 책을 쓰는데, 책과 흡사하지만 뒤로 늘어뜨리는 부분이 없다. 소가는 절풍을 쓰는데, 그 모양이 고깔과 같다(大加主簿頭著幘, 如幘而無餘, 其小加著折風, 形如弁)."
89 위와 같음.
90 『南齊書』卷58「列傳」高(句)麗傳. "高麗俗服窮袴, 冠折風一梁, 謂之幘." 知讀五經. 使人在京師, 中書朗王融戲之曰:"服之不衷, 身之災也. 頭上定是何物?" 答曰:"此卽古弁之遺像也."

고대 한민족은 고조선시대부터 변과 책 및 절풍을 모든 지역에서 썼는데, 이러한 모자들에는 어떠한 장식이 어떻게 사용되었을까? 『魏書』「列傳」고구려전에, "머리에는 절풍을 쓰니 그 모양이 변과 비슷하고, 양옆에 새의 깃을 꽂았는데, 귀천에 따라 차이가 있다."[91]고 하여, 고구려에서 남자들은 모두 변과 비슷한 모양의 절풍을 썼으며 양쪽 옆에 새의 깃을 꽂아 귀천을 가렸다는 것을 알려준다. 그 차이와 절풍의 재료에 대하여 『隋書』의 「列傳」고(구)려전에는, "사람들은 모두 가죽관을 쓰고, 使人은 새의 깃을 더 꽂았다."[92]고 했고, 『北史』의 「列傳」고구려전에는, "사람들은 모두 머리에 절풍을 썼고, 그 모양은 변과 같으며, 士人은 두 개의 새 깃을 더 꽂았다."[93]고 하여 고구려에서는 주로 가죽으로 절풍을 만들었음을 알 수 있다. 반면에 신라와 가야에서는 자작나무 껍질로도 만들었다. 士人은 새 깃 두개를 더 꽂는다고 하므로, 일반인들도 절풍에 새의 깃을 꽂았음을 알 수 있다.

이러한 내용의 모습은 무용총 수렵도의 일부 기마인이 절풍에 새의 털을 가득히 꽂은 모습[그림 60]과 무용도의 무용하는 사람이 절풍에 몇 가닥의 새털을 꽂은 모습[그림 61]에서 확인 된다. 고구려에서는 樂工人도 紫羅帽를 쓰고 새 깃으로 장식했다.[94] 고조선시대부터 북부여

---

91 『魏書』卷100 「列傳」高句麗傳. "頭著折風, 其形如弁, 旁插鳥羽, 貴賤有差."
92 『隋書』卷81 「列傳」高(句)麗傳. "사람들은 모두 가죽관을 쓰는데, 사인은 새의 깃을 더 꽂는다(人皆皮冠, 使人加插鳥羽)". 위의 '使人'을 『北史』卷94 「列傳」高句麗傳에서는 '士人'이라 했다."
93 『北史』卷94 「列傳」高句麗傳. "사람들은 모두 머리에 절풍을 쓴다. 그 모양이 변과 같은데 사인은 두 개의 새 깃을 더 꽂는다(人皆頭著折風, 形如弁, 士人加插而鳥羽)."
94 『舊唐書』卷29 「志」音樂 二. "高麗樂, 工人紫羅帽, 飾以鳥羽."

[그림 60] 무용총 수렵도의 기마인 [그림 61] 무용총 무용도의 춤추는 사람

에서도 冠에 새깃을 꽂았다고 했다.[95]

　　그러면 변이나 절풍에 꽂았던 금속으로 만들어진 관장식이 금동관이나 금관에는 어떻게 변화되어 가는지 살펴보기로 한다.『翰苑』「蕃夷部」고구려조에서는, "칼과 숫돌을 차서 등급을 알 수 있고 금과 깃으로 귀천을 분명히 했다. … 귀한 자는 책을 쓰는데, 후에 금과 은으로 사슴 귀를 만들어 책의 위에 꽂았다."[96]고 했다. 또한『梁元帝職貢圖』에서는 다음과 같은 기록이 보인다.

　　고려의 부인은 무늬가 없는 옷을 입었지만, 남자는 금은으로 아름다운

---

95 李奎報,『東明王篇』. "漢 神雀 3년 壬戌年에 하느님이 태자를 보내어 扶余 王의 옛 도읍에 내려가 놀게 했는데 解慕漱라 이름했다. … 熊心山에 머물다가 십여 일이 지나서야 비로서 내려왔다. 머리에는 鳥羽冠을 쓰고 허리에는 용광의 칼을 찼다(漢神雀三年壬戌歲, 天帝遣太子降遊扶余王古都号解慕漱, … 止熊心山 經十餘日始下. 首戴鳥羽之冠, 腰帶龍光之劍)."
96 『翰苑』「蕃夷部」高(句)麗傳.

무늬를 엮은 것을 입었다. 귀한 사람은 책을 썼지만 뒤가 없고, 금은으로 사슴의 귀처럼 하여 책 위에 더했다. 천한 사람은 절풍을 쓰고, 금환으로 귀를 뚫었다. 위는 무늬 없는 겉옷과 속옷이고, 아래는 무늬 없는 긴 바지이고, 허리는 은대가 있고, 왼쪽에 칼 가는 것을 차고 오른쪽에는 오자도를 찼으며, 발은 豆禮韋沓을 신었다.[97]

이러한 내용으로부터 고구려의 귀한 사람은 절풍 이외에 책을 썼음을 알 수 있다. 절풍에 새 깃을 금으로 만들어 꽂았으며 책에도 금으로 만든 장식이 사용되었음도 알 수 있다. 이 같은 장식은 책이 사용된 훨씬 뒤에 사용되기 시작했으며, 귀한 사람들은 금과 은으로 만든 사슴 귀장식을 꽂았음을 알 수 있다.

새깃 장식으로는 국립중앙박물관에 있는 세 개의 세움장식을 들 수 있다[그림 62]. 이 장식은 3개의 세움장식의 가장자리를 일정한 간

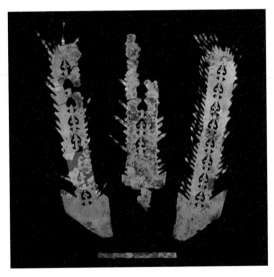

[그림 62] 국립중앙박물관 소장 금동 세움장식

97 『梁元帝職貢圖』. "高麗婦人衣白, 而男子衣結錦飾以金銀. 貴者冠幘而無後, 以金銀爲鹿耳, 加之幘上. 賤者冠折風, 穿耳以金環. 上白衣衫, 下白長袴, 腰有銀帶, 左佩礪而右佩五子刀, 足履豆禮韋沓."

격으로 오려내고 하나하나를 자연스럽게 꼬아 빛을 표현했다. 새깃 장
식이라기 보다 태양빛 장식이라고 하는 것이 더 어울린다. 새깃 장
식 가운데 문양은 불꽃을 상징했을 것으로 여겨지는데, 고구려와 신
라[그림 63][98], 백제의 칼 손잡이부분에서 자주 보이는 문양이다. 사
슴 귀장식으로는 길림성 집안현에서 출토된 금동관장식[그림 64][99]

[그림 63] 조영동유적 출토 고리 손잡이 큰칼

[그림 64] 집안 출토 금동관식

98 한국토지공사 토지박물관, 『생명의 땅, 역사의 땅』, 한국토지공사 토지박물관,
    2006, 87쪽.
99 조선유적유물도감편찬위원회, 『조선유적유물도감』-고구려편(2), 민족문화,
    1993, 272쪽.

을 들 수 있다. 이 관식의 아래에는 그림에서와 같이 톱니모냥으로 뾰족한 문양의 꽂음관식이 있고 원형의 달개장식이 일정한 간격으로 달려있다.

고구려의 책은 중국의 책과 비슷하나 뒤에 늘어뜨리는 것이 없어 중국의 책과 구분된다고 했다. 고구려의 책에는 뒤가 없으나 중국의 책에 뒤가 있는 것은 두발 처리방법의 차이에서 비롯된 것이라 생각된다. 『說文解字』에는 "머리에 巾이 있는데, 이를 책이라 한다."[100] 했고, 『方言』에는 "상투를 덮어 씌우는 것을 幘巾이라 하고 承露라고도 하며 혹은 覆髻라고도 한다."[101] 하여, 책은 건으로부터 변화된 것이며 머리를 간단히 처리하는 것임을 설명하고 있다.[102] 이 같은 중국의 책에 대한 규제의 내용과 달리 안악 3호 고분벽화에 보이는 사람들은 대부분 검은 색과 붉은 색의 책 등을 썼다.

그 외에 고구려의 귀한 신분의 남자들은 실크로 만든 관인, 骨蘇 또는 蘇骨이라고 불리는 羅冠을 썼다. 『北史』의 「列傳」 고구려전과 『周書』의 「列傳」 고(구)려전에서는, "귀한 사람들은 그 관을 소골이라고 하는데, 대부분 자주빛 羅로 만들어 금이나 은으로 장식 했다."[103], "남자들은 … 그 관을 骨蘇라고 하는데 대부분 자주색 나羅로 만들고 금과 은으로 섞어 장식 했다."고[104] 하였다. 이를 통해 귀한 신분의 남자들은 무늬를 성글게 짠 사직물인 羅로 만든 관을 썼는데, 이 관을 소

---

100 『說文解字』. "髮有巾曰幘."
101 『方言』. "覆髻謂之幘巾, 或謂之承露, 或謂之覆髻."
102 박선희, 앞의 책, 2002, 221~292쪽.
103 『北史』 卷94 「列傳」 高句麗傳. "貴者, 其冠曰蘇骨, 多用紫羅爲之, 飾以金銀."
104 『周書』 卷49 「列傳」 高(句)麗傳. "丈夫 … 其冠曰骨蘇, 多以紫羅爲之, 雜以金銀 爲飾."

골 또는 골소라고 부르고 그 위에 금과 은으로 장식했음을 알 수 있
다. 그 실제 예가 개마총 주실 서벽 천정부에 그려진 행렬도[그림 65],
[그림 65-1], [그림 65-2]에서 확인된다. 행렬도 맨 앞의 귀인으로 보
이는 사람은 매우 화려한 세움장식을 꽂은 자주빛 관을 썼다. 그 위에
금이나 은으로 보이는 장식단추[105]로 장식했으며, 옷 역시 장식단추로
장식되었다. 그 뒤에 금으로 만든 날개모양 장식(金羽飾) 두 개를 관
에 꽂은 사람이 뒤따르고 있다. 이 두 사람이 쓴 관은 모두 변에 가까
운 절풍의 모습을 하고 있으며, 자주빛이 나는 것으로 보아 자주색 라
로 만든 소골 또는 골소라 생각된다. 이러한 자주빛 관은 물론이고 맨
앞에 화려하고 높은 세움장식을 꽂은 귀인의 관모와 개마의 뒷부분에
장식한 작은 깃발들이 모여 큰 깃발처럼 보이는 장식은 서로 잘 어울

[그림 65] 개마총 행렬도에 보이는 관모들

105 박선희, 앞의 책, 2002, 참조.

려 모두가 같은 성격의 계통성을 보여주
고 있어 고구려 사람들의 예술적 논리와
질서를 엿보게 한다.

　다음은 왕과 고급관리들이 썼던 羅로
만든 관에 대하여 알아보자.『舊唐書』「列
傳」 고(구)려전과『新唐書』「列傳」 고(구)
려전에는 아래와 같은 내용이 나온다.

[그림 65-1]

　웃옷과 아래옷의 복식을 보면, 왕만이 五
綵로 된 옷을 입으며, 흰색 나로 만든 관을
쓰고 흰 가죽으로 만든 小帶를 두르는데,
관과 허리띠는 모두 금으로 장식했다. 벼
슬이 높은 자는 푸른 나로 만든 관을 쓰고
그 다음은 붉은 나로 만든 관을 쓰는데, 새
깃 두 개를 꽂고 금과 은으로 장식한다.[106]

　왕은 5채로 된 옷을 입고 흰색 나로 만든
관을 쓰며 가죽으로 된 허리띠에는 모두
금테(금단추)를 두른다. 대신은 청색 나로
만든 관을 쓰고 그 다음은 진홍색 나로 만
든 관을 쓰는데, 두 개의 새 깃을 꽂고 금

[그림 65-2]

106『舊唐書』卷199「列傳」高(句)麗傳. “衣裳服飾, 唯王五綵, 以白羅爲冠, 白皮小
　帶, 其冠及帶, 咸以金飾. 官之貴者, 則青羅爲冠, 次以緋羅, 插二鳥羽, 及金銀
　爲飾.”

테(금단추)와 은테(은단추)를 섞어 두른다.[107]

이 두 기록의 내용으로부터 다음과 같은 羅冠의 모양이 확인된다. 고구려왕의 관은 흰색 나로 만들어지고 그 위에 금으로 테를 두르거나 금 장식단추로 장식했음을 알 수 있다. 또한 대신은 청색 나로 만든 관을 쓰고, 그 다음 관리는 진홍색 나로 만든 관을 썼다. 여기에 두 개의 새 깃을 꽂고 금테와 은테 또는 금장식 단추나 은장식 단추를 섞어 둘렀다. 이러한 왕의 관은 그 실제 예가 안악 3호 고분벽화 주인도[그림 66]에서 금테 두른 백라관으로 확인된다.

이상의 내용으로부터 고구려에서 일반적으로 썼던 관모의 종류가 변과 이로부터 변화를 가졌을 절풍 및 책이라는 것을 알 수 있다. 그리

[그림 66] 악안 3호 고분벽화의 주인도

---

107 『新唐書』卷220「列傳」高(句)麗傳. "王服五采, 以白羅製冠, 革帶皆金釦. 大臣 青羅冠, 次絳羅, 珥兩鳥羽, 金銀雜釦."

고 고구려왕은 책의 형태에 가까운 금테 두른 백라관을 썼으며 이들 관모에는 둥근 양식의 장식을 했음을 확인하였다. 특히 개마총에 보이는 자줏빛 관모에는 둥근 양식이 전체적으로 장식되어 일정한 이치를 가진 원문양을 표현하고 있다.

고구려의 금동관으로는 평양시 력포구역 룡산리 7호무덤에서 출토된 절풍 모양의 금동 절풍[그림 67]를 들 수 있다. 이 무덤은 4세기말~5세기 초에 만들어진 것으로 추정되고 있다.[108] 금동절풍은 가운데 동그라미 테둘레 안에 해를 상징하는 삼족오가 날개를 활짝 편 모습을 형상하였고 그 둘레에는 바람에 날려가는 불길 같은 구름무늬와 봉황무늬를 새겼으며 바깥둘레에는 둥근장식을 일정한 간격으로 둘렀다.

[그림 67] 력포구역 출토 불꽃과 삼족오문양이 있는 금동절풍

---

108 조선유적유물도감편찬위원회, 앞의 책, 1993, 161·170쪽.

이를 해뚫음무늬금동장식으로 관모 장식으로 분류하기도 하지만[109] 관
모장식이 아니고 상투를 가리웠던 절풍이다.[110] 삼족오는 이 금동절풍
에서 뿐만 아니라 고구려 고분벽화의 여러 곳에서 보이고 있다.

또 다른 금동관으로는 평양시 대성구역에서 출토된 서기 4~5세기
에 만들어진 것으로 추정되는 금동으로 만든 불꽃뚫음무늬 금동관을
들 수 있다.[111] 또한 같은 4~5세기로 추정되는 평양시 력포구역 룡산
무진리 16호 무덤에서 절풍양식의 뚫음무늬 금동관이 출토되었다[그
림 68]. 평양 청암리 토성에서 출토된 것으로 금동판에 인동초문을 투

[그림 68] 해뚫음문양 금동 절풍

---

109 김병모, 『금관의 비밀』, 푸른역사, 1998, 91쪽 : 조선유적유물도감편찬위원회,
앞의 책, 1993, 170쪽.
110 박선희, 『우리금관의 역사를 밝힌다』, 지식산업사, 2008 참조.
111 조선유적유물도감편찬위원회, 위의 책, 267쪽.

[그림 69] 평양 청암리 출토 금동관

조한 장식의 弁과 같은 양식으로 만들어진 금동절풍[그림 69]이 있다.

그 외에 고구려의 금관식으로 요녕성 북표현 방신촌에서 출토된 뻗어나간 나뭇가지 양식의 관식[그림 70]을 들 수 있다.[112] 발굴자들이 2호묘에서 출토한 것으로 밝힌 유물은 금관식과 많은 양의 다양한 장신구들이었다. 출토된 유물이 주로 금으로 만들어진 것으로 보아 높은 신분의 귀족일 것으로 생각된다.

또한 요녕성 조양현 십이태향 원태자촌에 위치한 왕자분산묘군의 台 M8713 : 1 묘에서 방신촌에서와 거의 같은 모습의 고구려의 금관식[그림 71]이[113] 출토되었다. 이들 두 지역에서 출토된 금관식은 모두 아

---

112 陳大爲,「遼寧北票房身村晉墓發掘簡報」,『考古』, 1960年 1期, 401~403쪽.
113 박선희, 앞의 책, 2002, 259~289 참조.

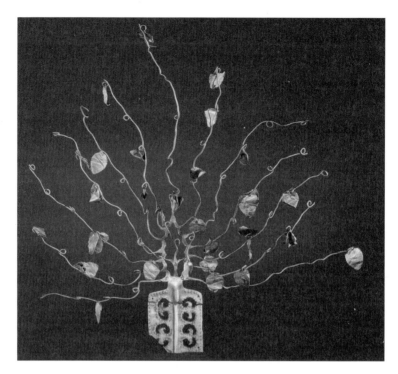

[그림 70] 방신촌유적 출토 금동관식

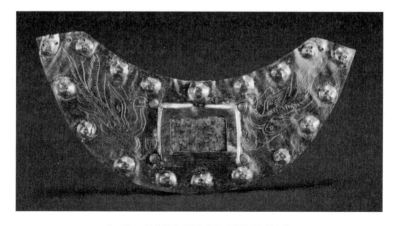

[그림 71] 방신촌유적 출토 금동 관테둘레

[그림 72] 태왕릉 출토 금동관테둘레

래 부분이 긴 네모모양으로 되었고 불꽃문양이[114] 투조되어 있으며, 네
모모양의 가장자리에는 작은 구멍이 뚫려 있고 나무줄기에는 3개씩의
나뭇잎모양의 달개장식이 달려 있다. 발굴자들은 2개의 관장식과 함
께 금으로 만든 긴 띠모양 조각편[그림 72]이 4개 출토되었다고 밝혔
다.[115] 그림에서와 같이 조각편에는 양편에 대칭으로 봉황이 나르는 듯
한 문양이 화려하게 새겨져있고 볼록하게 돌출된 동그란 문양 위에 또
타출기법으로 꽃문양을 놓았다.

　지금까지 서술한 고구려 관모에 나타난 문양을 정리하면 첫째, 모든
관모에 장식된 것은 원형의 달개장식이다. 둘째, 모든 관모에 다양한
장식기법으로 불꽃과 태양을 상징화했다. 셋째, 삼족오 또는 나는 새
를 묘사하였다.

　고구려는 고조선을 계승했으므로 고조선 문명권의 삼족오를 벽화
의 여러 곳에 남기고 있다. 예를 들어 각저총의 '삼족오 태양', 오회분
의 '삼족오 태양', 덕화리 1호분의 '삼족오 태양', 조양 원태자 벽화묘[116]

114 박선희, 앞의 책, 2013 참조.
115 徐秉琨·孫守道, 앞의 책, 1998, 140쪽 그림 166.
116 遼寧省博物館文物隊·朝陽地區博物館文物隊·朝陽縣文化館, 「朝陽袁台子東晋

의 '삼족오 태양'이다. 고조선족과 고조선문명권의 원민족들은 '태양'과 '새'를 결합하여 태양신을 상징적으로 형상화할 때는 '삼족오(三足烏)', '세발까마귀'로 상징화하여 그리고 표현하였다. '까마귀'를 신성시하는 원시부족은 사회사에 가끔 보이지만, '삼족오', '세발까마귀'는 오직 고조선문명권만이 가졌던 '태양신'의 상징이었다.[117]

룡산리 7호 무덤에서 출토된 금동절풍은 해뚫음무늬와 삼족오문양이 핵심을 이룬다. 그리고 평양시 대성구역에서 출토된 금동관은 불꽃뚫음무늬 양식으로 장식되었다. 관모에 화염문, 즉 태양과 삼족오가 표현된 것이다. 그러면 이러한 문양은 무엇을 상징하고자 한 것인가?

금동관은 고구려 정치사에서 최고의 권력자가 사용했던 것으로 권력의 상징물이다. 따라서 태양과 삼족오문양은 고구려의 정치사에서 표방하고자 하는 상징의미를 내포하고 있을 것이다. 고구려 건국신화에 기록된 주몽의 아버지인 해모수의 출현을 상징하고 있는 모습일 가능성이 크다. 해모수는 天帝의 아들로서 하늘로부터 지상세계로 내려오는데, 다섯 마리의 용이 끄는 수레를 타고 머리에는 새깃을 꽂은 관을 쓰고 허리에는 용광검을 차고 있다.[118] 해모수는 태양신을 상징하는 존재로 관모에서는 불꽃문양으로 상징화했을 것이다. 원형의 달개장식 역시 원형의 태양을 상징했을 것이며, 달개가 흔들리면서 연출하는 장식기법은 태양빛 혹은 태양열을 표현했을 것이다.

이처럼 태양의 빛과 열을 나타냈을 관모에 달았던 달개장식들은 집

壁畫墓」,『文物』1984年 第6期, 29~45쪽.

117 慎鏞廈,『韓國 原民族 形成과 歷史的 傳統』, 나남출판, 2005, 99~104쪽.

118 주 126과 같음.

[그림 73~80] 태왕릉 출토 금관식들

안지역에 있는 고구려 왕릉들에서 일정하게 출토되어진다. 태왕릉의
유물이 가장 좋은 예가 된다. 금동관 테두리로 쓰였을 것으로 생각되
는 금동으로 만든 긴 조각편[그림 72]이 4개가 출토된 것이다. 이들 관
테둘레와 함께 많은 양의 다양한 원형 혹은 나뭇잎 양식의 달개장식과
金絲 등이 출토되었다. 달개장식은 서로 다른 크기의 원형과 나뭇잎양
식, 마노구슬을 꿴 것, 원형의 달개를 금사로 꿴 것 등 다양하다[그림
73~80].[119]

이러한 금으로 만든 관식 이외에 발굴자들이 관식으로 분류했으나
훼손이 심하여 양식을 알 수 없는 금동식들이 여럿 있는데 절풍양식
관모의 부분이었을 것으로 생각된다. 한 장식은 [그림 81]과 같이 사선

119 吉林省文物考古硏究所·集安市博物館 編著, 『集安高句麗王陵-1990~2003年
集安高句麗王陵調査報告』, 文物出版社, 2004.

 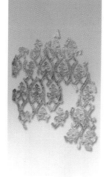 

[그림 81] 태왕릉 출토
금동관 부분

[그림 82], [그림 82-1] 태왕릉 출토
금동관의 부분과 모사도

과 굴곡진 선을 이용하여 규칙적인 문양을 나타냈고, [그림 82]는 불꽃
문양이 사방으로 질서있게 연속되어진 문양을 나타내고 있다.[120] 이처
럼 고구려의 관모장식은 태양과 관련한 상징의미들을 표현하고 있는
일관성을 보여준다.

또한 서천왕(서기 270년~서기 292년)의 무덤일 것으로 추정되는 칠성
산 211호 무덤에서는 금동관식들이 여럿 출토되었다.[121] 금동관식들
가운데 2개의 서로 유사한 양식의 관식은 이들 관식은 4개의 꽃잎모양
이 맞붙어 연결된 장식이다[그림 83]. 꽃잎양식의 가운데 부분에는 달
개장식이 달려있다. 또 다른 금동관식[그림 83-1]은 단순히 꽃모양을
연결하여 표현했는데 평양시 대성구역에서 출토된 고구려의 꽃잎모양
뚫음무늬금동장식[122]의 문양[그림 84]과 유사하다.

---

120 吉林省文物考古硏究所·集安市博物館 編著, 앞의 책, 2004, 286~303쪽.
121 吉林省文物考古硏究所·集安市博物館 編著, 위의 책, 92쪽의 圖71.
122 조선유적유물도감편찬위원회, 앞의 책, 1993, 269쪽의 그림 461.

 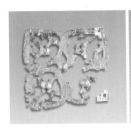 

[그림 83] 칠성산 211호
무덤출토 금동관식

[그림 83-1] 칠성산 211호 무덤출토 금동관식

[그림 84] 대성구역 출토 꽃잎모양 뚫음무늬 금동장식

이상의 분석으로부터 고구려 관모장식의 문양들에서 나타나는 공통적 요소는 태양 또는 태양빛을 상징했음을 알 수 있다. 이처럼 고구려에서 관모장식 마다 태양을 상징하는 장식을 표현한 것은 주몽의 탄생과 고구려의 건국과정에 잘 나타나 있다. 『삼국사기』「고구려본기」의 시조 동명왕조와[123] 『廣開土王陵碑文』에서는 고구려의 건국과정을 설명하면서 "옛날에 시조인 추모왕이 나라를 세울 때 그의 아버지는 북부여 천제의 아들이었고 어머니는 하백의 딸이었는데……"라 하여 주몽을 '天帝의 아들[124]'이라 했다.

주몽은 해모수 즉 천제인 태양신의 아들이라는 점은 『三國遺事』에 서술된 유화의 주몽 잉태과정에서 태양빛을 받았던 것으로 실감나게 서술되어있다. 『牟頭婁墓誌』에서도 "하백의 손자요 해와 달의 아들인 추모성왕은 원래 북부여에서 나왔다."고 하였다.[125] 추모는 천제의 아들인 해모수와[126] 유화를 부모로 한다. 그리고 해모수의 解는 하늘의 해, 慕漱는 '머슴애'를 뜻하는 것으로 해모수는 해의 아들 즉 日子를 의미한다.[127]

---

123 『三國史記』卷13「高句麗本紀」始祖 東明聖王條 참조.

124 『廣開土王陵碑文』. "惟昔始祖鄒牟王之創基也, 出自北夫餘, 天帝之子, 母河伯女郎……."

125 『牟頭婁墓誌』. "河伯之孫, 日月之子, 鄒牟聖王元出北夫餘."

126 李奎報, 『東明王篇』. "漢 神雀 3년 壬戌年에 하느님이 태자를 보내어 扶余 王의 옛 도읍에 내려가 놀게 했는데 解慕漱라 이름했다. … 熊心山에 머물다가 십여 일이 지나서야 비로서 내려왔다. 머리에는 鳥羽冠을 쓰고 허리에는 용광의 칼을 찼다(漢神雀三年壬戌歲, 天帝遣太子降遊扶余王古都号解慕漱, … 止熊心山經十餘日始下. 首戴鳥羽之冠, 腰帶龍光之劍)."

127 金庠基, 「國史上에 나타난 建國說話의 檢討」, 『東方史論叢』, 서울대학교출판부, 1984, 6~7쪽의 주7 참조.

이처럼 고구려사람들은 고조선을 계승하여 하늘을 섬기고 태양을 숭배하는 천신신앙의 전통을 그대로 이었던 나라답게 관모장식에서 일관되게 태양과 태양빛, 태양열 등을 장식기법에서 고스란히 표현하고 있다고 생각된다.

그 밖에 집안시에 위치한 마선 2100호 무덤[128]에서는 많은 금과 금동으로 만들어진 관식들이 奔馬飾[그림 85] 및 봉황모양 관식[그림 85],[그림 85-1]과 함께 출토되었다.[129] 이 금동 관식은 나르는 듯한 말의 생동감 있는 모습을 보여주고 있다. 이 마선 2100호묘에 관장식으로 사용된 것은 『삼국사기』 「고구려 본기」에 보이는 시조 동명왕의 탄생신화에서 말과 새가 등장하여 큰 역할을 수행했던 내용을 형상화 했을 가능성이 크다. 왜냐하면 건국신화는 왕권의 신성한 출현과정을 묘

[그림 85], [그림 85-1] 마선 2100호묘 출토 금동제 새모양 장식

128 吉林省文物考古研究所·集安市博物館 編著, 앞의 책, 138쪽.
129 吉林省文物考古研究所·集安市博物館 編著, 위의 책, 151쪽 圖121의 1과 圖版 58의 1.

[그림 86] 마선 2100호묘 출토
둥근 달개장식

[그림 87] 마선 2100호묘 출토
꽃모양 장식

사하기 때문이다.[130]

　말장식과 새장식 등 외에 둥근 달개가 조합을 이루는 장식[그림 86]과 꽃모양 장식[그림 87]들이 함께 출토되었다. 이들은 모두 금관과 금동관을 장식했을 것으로 생각된다.[131]

(2) 관모에 나타난 문양의 종류와 도안

앞의 (1)에서 고구려 관모에 나타난 태양과 관계된 다양한 상징문양을 분석하였다. 이러한 상징문양들은 우리민족의 사상이 담긴 고유한 문양으로서 이를 도안화하면 다음의 내용으로 제시될 수 있다.

130　박선희, 앞의 책, 2013, 266~269 참조.
131　吉林省文物考古研究所·集安市博物館 編著, 앞의 책, 2004, 151쪽 圖121의 2·3 및 圖版58의 3·4.

■도안4■ 관모에 나타난 문양의 종류와 도안 예시

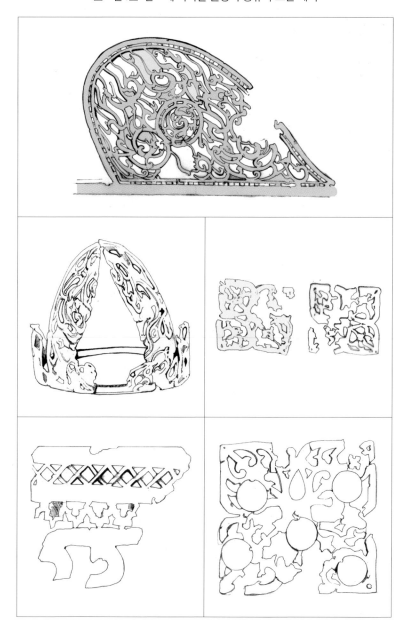

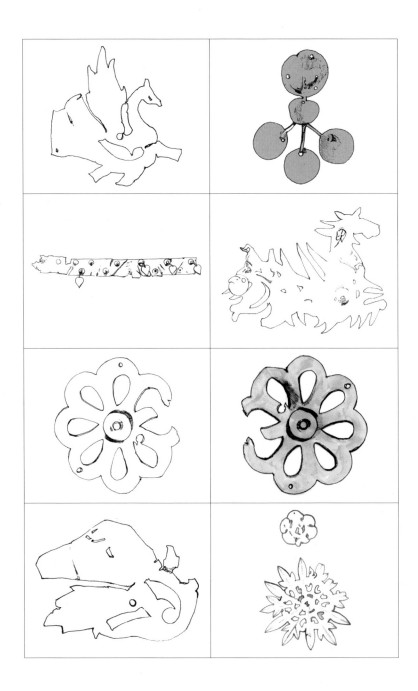

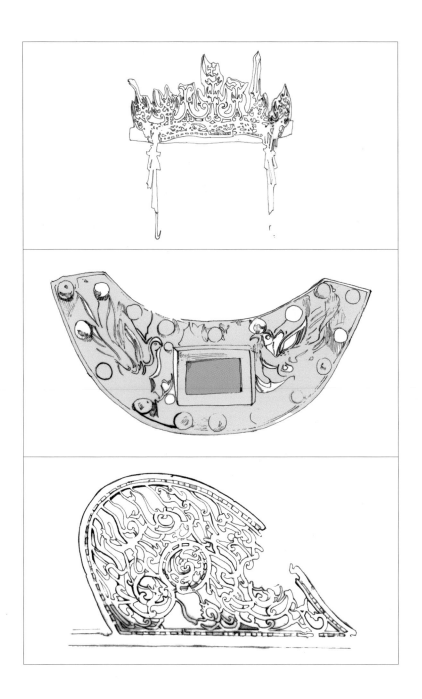

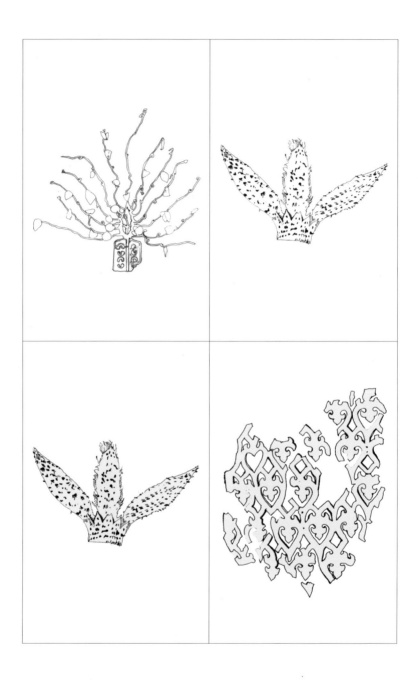

2. 웃옷과 겉옷 양식의 종류와 문양의 도안

(1) 웃옷과 겉옷의 양식과 문양의 상징의미

고대 문헌에 나타난 고구려의 웃옷에 관한 명칭은 大袖衫[132], 襦[133], 衫筒袖[134], 衫箭裦[135]이다. 그러면 衫·襦·袍는 어떠한 옷인지 알아보기로 한다. 『周書』의 「列傳」고(구)려전과 『隋書』의 「列傳」고(구)려전 및 『舊唐書』의 「東夷列傳」고(구)려전에는 고구려 사람들이 입었던 웃옷에 대하여 다음과 같이 기록하였다.

> 남자는 통소매의 衫에 통이 넓은 바지를 입고, …… 부인은 치마와 襦를 입는다.[136]

> 귀인은…… 넓은 소매의 衫과 통이 넓은 바지를 입으며, …… 부인은 치마와 襦에 襈을 두른다.[137]

> 웃옷과 아래옷의 복식은 왕만이 5가지 색이 나는 絲織物의(옷을 입을 수 있으며), …… 衫은 통소매이고 바지는 통이 넓다.[138]

---

132 『北史』卷94 「列傳」高句麗傳. "服大袖衫." : 『隋書』卷81 「列傳」高(句)麗傳. "服大袖衫."
133 『北史』卷94 「列傳」高句麗傳. "婦人裙襦加襈."
134 『舊唐書』卷199 「列傳」高(句)麗傳. "衫筒袖."
135 『新唐書』卷220 「列傳」高(句)麗傳. "衫箭裦."
136 『周書』卷49 列傳 高(句)麗傳. "丈夫衣同袖衫·大口袴…… 婦人服裙襦."
137 『隋書』卷81 「列傳」高(句)麗傳. "貴者…… 服大袖衫, 大口袴, …… 婦人裙襦加襈."
138 『舊唐書』卷199 「東夷列傳」高(句)麗傳. "衣裳服飾, 唯王五綵, …… 衫筒袖, 袴

이 내용으로부터 고구려의 남자들은 웃옷으로 衫을 입고 여자들은 웃옷으로 襦를 입었음을 알 수 있다. 襦와 衫은 길이가 비교적 길어 허리를 덮는 긴 웃옷이다.[139]

고구려에서는 이러한 웃옷 이외에 길이가 긴 袍를 입었다.『釋名』에 "袍는 남자가 입는데 아래로 발등까지 내려온다."[140]고 하여 발등까지 내려오는 긴 겉옷으로 설명되고 있다. 고대 한국의 袍에 관한 내용을 알아보면,『三國志』「烏丸鮮卑東夷傳」夫餘傳에 "(부여 사람들은) 국내에 있을 때의 의복은 흰색을 숭상하며 흰 布로 만든 큰 소매의 袍와 바지를 입고 가죽신을 신는다."[141]고 하여 부여 사람들은 큰 소매의 袍를 입었음을 알려준다. 원래 부여는 고조선에 속한 나라였으므로 그들의 복식은 고조선의 것을 계승했을 것이며 고구려의 의복과 같은 양식이었을 것이다. 단지 사서에서 고구려의 의복이 부여와는 다른 점이 있으나[142] 동옥저와 백제 및 신라와 같다고[143] 한 것은 부여는 주로 袍를 많이 입었고, 고구려와 다른 나라에서는 袍 이외에 衫이나 襦를 많이

大口."

139 『正字通』. "衫子, 婦人服也."; 『中華古今注』. "古婦人衣裳相連, 始皇元年, 詔宮人及近侍宮人皆服衫子, 亦曰半衣, 蓋取便於侍奉."; 『說文解字』. "短衣也."; 『急就篇』. "短衣曰襦, 自膝以上."

140 『釋名』. "袍丈夫著, 下至跗者也."

141 『三國志』卷30「烏丸鮮卑東夷傳」夫餘傳. "在國衣尚白, 白布大袂, 袍袴, 履革鞜".

142 『三國志』卷30「烏丸鮮卑東夷傳」高句麗傳. "…… 多與夫餘同, 其性氣衣服有異."

143 『舊唐書』卷199「東夷列傳」新羅傳. "풍속·형법·의복은 고(구)려·백제와 대략 같으나, 조복은 흰색을 숭상한다(其風俗·刑法·衣服, 與高麗·百濟略同, 而朝服尚白)."; 『魏書』卷100「列傳」百濟傳. "그 의복과 음식은 고구려와 같다(其衣服飲食與高句麗同)."; 『後漢書』卷85「東夷列傳」東沃沮傳. "언어·음식·거처·의복이 (고)구려와 유사하다(言語·飲食·居處·衣服, 有似句麗)."; 『三國志』卷30「烏丸鮮卑東夷傳」東沃沮傳. "의복과 예절이 (고)구려와 유사하다(衣服禮節有似句麗)."

입었음을 말하는 것으로 해석된다.[144]

고조선을 계승한 고구려·백제·신라에서는 모두 큰 소매의 袍를 입었다.[145] 고대 한국 袖에 관한 문헌사료에 기재된 내용에도 '大袖'[146]·'大袂'[147]·'同袖'[148]·'筒袖'[149]·'筲袖'[150] 또는 소매가 약간 넓다는 '微大'의 내용만이 보일 뿐 窄袖는 보이지 않는다. 실제로 고구려 고분벽화에 보이는 웃옷과 겉옷의 소매 폭은 그리 좁지 않으며 대체로 넓은 양식이다.

그리고 고구려의 웃옷과 겉옷에는 襈이 둘려진 것이 중요한 특징이다. 襈은 『釋名』에 "襈緣也, 靑絳爲之緣也."라 하여 의복의 가장자리를 싸서 돌린 것을 말한다. 고구려 고분벽화에 보이는 袍에는 주로 깃과 끝동에만 襈을 두르거나 도련부분에 襈을 둘렀다.[151] 襈은 의복에서 전체적인 디자인을 크게 좌우한다. 그 까닭은 선의 폭과 색상에 따라 디자인이 바뀌기도 하지만 선을 어디에 두르는가에 따라서도 의복양식이 크게 바뀌기 때문이다.

고대 한국의 衫·襦·袍에 나타난 襈의 고유한 특징을 분석해 보면, 『周書』高(句)麗傳과 『北史』高(句)麗傳에는 襈에 관하여, 다음과 같이

---

144 박선희, 앞의 책, 2002, 363~410쪽.
145 『周書』卷49「列傳 異域上」百濟傳. "남자의 의복은 대체로 고(구)려와 같다. …… 부인 옷은 袍와 비슷한데 소매가 약간 크다(其衣服男子曻同於高麗 …… 婦人衣以袍而袖微大)."; 『隋書』卷81「列傳」新羅傳. "풍속·형정·의복은 대략 고(구)려·백제와 같다(風俗刑政衣服略與高麗百濟同)."
146 『北史』卷94「列傳」高句麗傳. "大袖衫.";『隋書』卷81「列傳」高(句)麗傳. "大袖衫.";『新唐書』卷220「列傳」百濟傳. "大袖紫袍."
147 『三國志』卷30「烏丸鮮卑東夷傳」夫餘傳. "白袍大袂."
148 『周書』卷49「列傳 異域上」高(句)麗傳. "同袖衫."
149 『舊唐書』卷199「列傳」高(句)麗傳. "衫筒袖."
150 『新唐書』卷220「列傳」高(句)麗傳. "衫筲袖."
151 朝鮮畵報社, 『高句麗古墳壁畵』, 朝鮮畵報社出版部, 1985.

기록하였다.

> 부인들은 치마와 襦를 입는데 도련과 끝동에 모두 襈을 둘렀다.[152]

> 부인들은 치마와 襦에 襈을 둘렀다.[153]

기록에서는 부인들의 옷에만 襈을 두른 것으로 서술했으나 실제로 고구려 고분벽화에는 남녀의 옷에 구별 없이 襈을 두른 것으로 나타난다.

고구려 고분벽화에 나타나는 의복을 고찰해 보면 의복에 두른 선이 의복 양식을 가장 많이 변화시키는 구실을 하고 있다. 따라서 필자는 고분벽화에 보이는 襈양식을 중심으로 의복양식의 변화양상과 이와 함께 어울려 나타냈을 웃옷과 겉옷에 나타난 문양에 대하여 고찰해 보고자 한다.

[표 1] 안악 3호 고분벽화에 보이는 袍·衫·襦에 두른 襈

조사내용과 대상	襈의 색상과 양식
묘주·기실·소사·성사·문하배의 袍	깃과 끝동에 같은 폭과 같은 색상의 襈을 둘렀다.
의장기수의 袍	깃과 끝동 및 도련에 같은 폭과 같은 색상의 襈을 둘렀다.
여주인공의 襦	여주인공은 깃·소매·도련·어깨에 襈을 둘렀다. 깃과 끝동, 어깨의 襈이 서로 다른 색상이다.
장하독의 衫	깃과 끝동 및 도련에 같은 색상과 폭의 襈을 둘렀다.
부월수·의장기수의 衫	깃과 끝동 및 도련에 같은 색상과 폭의 襈을 둘렀다.

---

152 『周書』卷49「列傳」高(句)麗傳. "婦人服裙襦, 裾袖皆爲襈."
153 『北史』卷94「列傳」高句麗傳. "婦人裙襦加襈."

[그림 88] 안악 3호 고분벽화 주인도에 보이는 깃과 끝동에 두른 선

    [표 1]에 보이는 袍와 衫 및 襦에 둘린 襈의 특징을 정리하면 다음의
내용으로 정리된다. 첫째는 묘주[그림 88]와 대부분의 구성원들의 袍
에는 깃과 끝동에 반드시 襈을 둘렀다. 즉, 기실·소사·성사·문하배의
겉옷에 모두 깃과 끝동, 도련에 선이 돌려 감아졌다. 묘주부인과 시녀
들의 袍에도 모두 도련에 襈이 둘러졌다. 둘째는 袍의 경우 깃·소매·
섶·도련에 같은 색과 같은 폭의 襈을 두르는 것을 기본적인 양식으로
하고 있다. 그러나 신분에 따라 襈의 양식에 다양한 변화를 주었다. 셋
째는 袍에 두른 襈의 특징에서 신분이 높은 사람은 襈을 이중 삼중으
로 두르거나 색상을 달리하여 보다 화려한 복식을 했다. 네째는 衫과
襦의 경우도 袍와 마찬가지로 깃·끝동·도련 혹은 섶에 같은 색과 같은
폭의 襈을 둘렀다.
    이러한 고구려 복식에서 특징적인 역할을 한 선과 어우러져 표현되

[그림 88-1] 주인도의 묘주 끝동에 둘린 원형 장식   [그림 88-2] 주인도의 묘주가 손에 든 장식

었을 문양에 대하여 고찰해 보기로 한다. 묘주의 깃과 소매의 끝동에 둘려진 선에는 짙은 색상의 좁은 선을 한 겹 더 둘렸음을 알 수 있다. 그리고 [그림 88-1]에서와 같이 재질은 알 수 없으나 그 위에 작은 원형의 장식을 돌아가며 일정한 간격으로 화려하게 장식했다. 화려한 의복과 어울리는 부채와 같은 장식[그림 88-2]도 손에 들고 있다. 이 장식에는 짐승문양이 나타난다.

부인도[그림 89]에 보이는 부인의 겉옷에도 묘주와 마찬가지로 깃과 끝동에 화려하게 원형의 장식을 일정한 간격으로 화려하게 장식했다. 뿐만 아니라 어깨부분에는 원형의 큰 장식이 일정한 간격으로 장식되었고 그 사이사이에는 문양[그림 89-1]을 넣어 조화를 이루게 하였다. 부인과 시중드는 여인들 모두 어깨부분에 비교적 넓은 선을 두른 것이 특징적이다. 그리고 의복은 아니지만 부인도의 뒷면에 보이는 휘장에는 의복에 나타난 문양과 같은 색상으로 화려한 솔이 달린 듯한 문양[그림 89-2]를 연속하여 장식했다.

[그림 89] 부인도의 묘주 부인의 깃과 끝동에 두른 원형 장식

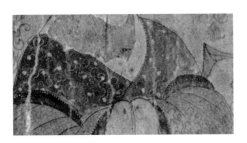

[그림 89-1] 부인도에 보이는 묘주부인
어깨에 둘린 원형장식

[그림 89-2] 부인도 휘장에
나타난 연속 문양

[그림 90] 행렬도에 보이는 둥근문양

안악 3호 고분벽화의 복식에 둘려진 선이 화려하고 대담한 분위기를 나타내며 단아한 문양을 나타내는 것과 달리 무용총 의복에는 기하학적인 문양이 특징적으로 나타난다. 이러한 양상은 신분에 따른 변화이기도 하지만 원형의 문양을 자주 사용한 점에서 공동적인 특징을 가진다. 특히 안악 3호 고분벽화의 행렬도에 보이는 악기를 연주하는 여인들은 무용총 벽화에 보이는 의복문양과 마찬가지로 도련에 붉은 색의 선이 둘려진 둥근 문양의 겉옷[그림 90]을 입고 있다. 웃옷과 연결된 부분에 표현된 삼각형 양식은 천으로 표현된 큰 문양으로 아래의 둥근 문양과 또 그 아래에 도련에 두른 붉은색 선과 현대적 감각의 기하학문양의 조화로운 복합문양이라 하겠다.

다음으로 무용총 벽화에 나타나는 의복문양을 고찰해 보기로 한다. 아래 [표 2]의 내용처럼 깃·섶·도련·끝동 그리고 어깨 부분에 같은 폭과 색상의 襈이 둘러져 있다. 이러한 겉옷의 선[그림 91]은 아래 부분에 보이는 좁은 주름치마의 끝에 보이는 좁은 폭의 선과 같이 조화를 이루고 있다.

[그림 91] 무용총 무용도의 시중드는 여인들

[표 2] 무용총에 보이는 袍·衫·襦에 두른 襈

조사내용과 대상	襈의 색상과 양식
무용도의 袍	깃·섶·도련·끝동부분에 같은 폭과 색상의 襈이 둘러져 있다. 무용하는 사람들이 입은 袍는 어깨에 襈이 둘러져있고 끝동에 넓은 폭의 襈을 둘렀다.
무용도의 衫과 襦	衫과 襦의 깃·섶·도련 끝동에 같은 폭과 색상의 襈이 둘러져 있다. 무용하는 사람들의 衫과 襦는 소매가 길고 끝동에 넓은 襈을 둘렀다.

　　[그림 91]에 보이는 시중드는 여인들의 겉옷은 모두 둥근 문양으로 일정한 간격을 보이는 것은 직조 혹은 염색에 의해 만들어진 문양[154]

154　박선희, 앞의 책, 2011 참조.

[그림 92] 무용총 무용도 춤추는 사람들의 둥근문양의 옷

이기 때문이다. 시중드는 여인들이의 집 지붕에는 타오르는 듯한 불꽃
문양이 표현되는 것이 특징적이며 둥근 문양과 함께 조화롭게 보여진
다. 이러한 겉옷의 둥근 문양의 겉옷은 [그림 92] 무용도의 춤추는 사
람들의 경우도 마찬가지이다. 단지 춤추는 사람들 가운데 긴 겉옷을
입은 경우, 어깨에 같은 폭의 선이 둘려져 있다. 이러한 둥근 문양이
보다 화려하게 비대칭으로 나타나는 것이 삼실총과 장천 1호 고분벽
화이다.

[표 3] 삼실총에 보이는 袍·衫·襦에 두른 襈의 모습

조사내용과 대상	襈의 양식과 색상
행렬도의 袍와 衫	깃·끝동·도련에 같은 색과 같은 폭의 襈이 둘려져있다. 우산을 든 여인들의 긴 겉옷의 도련에는 보다 넓은 폭의 선을 둘렀다.

삼실총 벽화에 행렬도에 보이는 의복의 문양을 [표 3]의 내용과 함께 살펴보면, 대부분의 사람들은 아래 그림에서와 같이 둥글거나 타원형의 문양이 있는 웃옷과 겉옷을 입었다. [그림 93], [그림 94], [그림 95]는 대체로 도련에 깃과 끝동에서 보다 넓은 폭의 선을 둘러 화려한 모습이다. [그림 93]은 웃옷의 문양이 원형이고 아래옷은 긴네모이다. [그림 94]은 웃옷을 알 수 없으나 아래옷은 타원형문양이 겹쳐있다. [그림 95]는 웃옷은 타원형문양이고 아래옷은 긴네모문양이 연속되어있다. 삼실총에 보이는 문양과 유사한 분위기의 의복문양이 쌍영총 고분 벽화와 장천 1호 고분벽화에 나타난다. 쌍영총 고분벽화에 보이는 [그림 96]의 왼쪽 사람은 웃옷은 작은 타원형 문양이고 아래옷은 큰 타원형 문양이다. 이와 달리 오른쪽 사람은 웃옷은 원형문양으로 아래옷은

  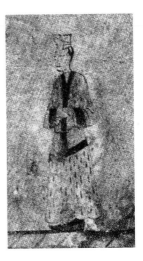

[그림 93] 삼실총의
네모와 둥근문양의
옷을 입은 사람

[그림 94] 삼실총의
겹타원형문양의
옷을 입은 사람

[그림 95] 삼실총의 원형과
타원형문양의
옷을 입은 사람

[그림 96] 쌍영총의 크고 작은
타원형문양의 옷을 입은 사람

타원형문양으로 매우 정열적이며 동적인 분위기를 보인다.

[표 4]의 내용과 같이 장천 1호 고분벽화의 사람들은 대체로 깃·섶·도련·끝동에 같은 폭의 선을 두른 옷을 공통적으로 입고 있다. 그리고 어깨에서 팔로 이어지는 부분에 선을 이중으로 두르거나 소매와 도련에 다른 색상의 선을 이중으로 둘러 보다 화려한 분위기를 나타냈다.

[표 4] 장천 제1호 벽화고분 袍·衫에 두른 襈의 모습

조사내용과 대상	襈이 둘러진 부분과 모습
야유·수렵도의 袍	깃·섶·도련·끝동에 같은 폭과 같은 색의 襈이 둘러져있다. 도련과 도련에서 올라온 부분에도 襈이 둘러져 이중으로 된 경우이다.
불교공양도의 袍	깃·섶·도련·끝동에 같은 폭과 같은 색의 襈이 둘러져 있다. 어깨에 이중으로 襈을 두르기도 했다.
야유·수렵도의 衫과 襦	깃·섶·도련·끝동에 같은 폭과 같은 색의 襈이 둘러져 있다. 또는 다른 색의 襈이 이중으로 둘러진 경우와 소매의 길이가 긴경우가 있다.
불교공양도의 衫과 襦	깃·섶·도련·끝동에 같은 폭과 같은 색의 襈이 둘러져 있다.

제시된 그림 가운데 [그림 97]의 첫번째 사람과 [그림 98]은 비교적 옅은 색의 선을 둘렀다. 반면에 다른 그림의 사람들은 모두 짙은 색의 선을 둘렀다. [그림 98]과 [그림 99]는 옅은 색과 짙은 색의 선을 이중으로 둘러 다른 분위기를 연출했다. 또한 [그림 97]의 우산을 든 여인은 어깨와 팔에 삼중으로 선을 둘렀다. [그림 100]의 긴 소매옷을 입은 사람의 웃옷은 마름모문양이고 아래옷은 원형문양으로 수학적 도형을 나타낸다. [그림 97]의 사람들은 원형과 타원형문양이 주류를 이루는데 우산을 든 사람의 긴 겉옷 아래 부분에 표현된 뾰족한 삼각형 문양, 그리고 그 아래 사각형문양이 함께 조화를 이루어 독특하다. [그림 98]의 새 깃을 꽂은 절풍을 쓴 앉아있는 사람의 웃옷은 원형이고 아래옷은 타원형문양이다. [그림 99]는 웃옷과 아래옷이 모두 큰 크기의 타원형문양으로 대담한 분

[그림 97] 장천 1호 고분벽화 불교공양도에 보이는
사람의 이중선과 원형과 삼각형문양 겉옷

[그림 98] 장천 1호 고분벽화에 앉아있는
사람의 원형과 타원형문양의 옷

[그림 99] 장천 1호 고분벽화
서있는 사람의 큰 타원형문양의 옷

[그림 100] 장천 1호 고분벽화 춤추는
사람의 마름모와 타원형문양의 옷

[그림 101] 개마총의 서있는
사람의 웃옷

위기이다. [그림 100]의 춤추는 사람의 웃옷은 십자형 문양이고 아래옷
은 큰 타원형으로 이색진 문양의 절충적인 조화로움을 보인다.

고구려 복식에서 가장 많이 나타나는 원형의 문양은 넝쿨문양과도
조화를 이루어 표현되는데 좋은 예가 수렵총 벽화에 보이는 끔동에 넓
은 선을 두른 옷을 입은 세부인의 겉옷문양[그림 102]이다. 개마총의
서있는 사람의 웃옷문양[그림 101]은 원형과 원뿔형이 부분적으로 연
속 장식되어 표현되어 넓은 폭으로 둘러진 선과 잘 어울린다.

고구려 사람들은 이처럼 주로 기하학적인 도형문양을 즐겨 사용했
지만 문양이 없이 선으로 화려한 문양을 표현하기도 했다. 좋은 예가
수산리고분벽화 [표 5]에 보이는 선의 색상을 달리하거나, 어두운 바탕
색에 선문양과 넝쿨문양 등을 나타내는 양식이다.

수산리 고분벽화에 보이는 여주인공의 웃옷은 검은색에 붉은 색 선을
깃과 끝동에 같은 폭으로 둘렀다[그림 103]. 그리고 끝동 안쪽에 일정한
간격을 두고 선과 같은 색상으로 원형과 선으로 문양을 나타내 아름다움
을 더했다. 특히 원형의 문양을 일정한 간격으로 나열하여 단아한 화려함

[그림 102] 수렵총 안방벽화 세부인의 겉옷

을 보인다. 아울러 깃과 끝동을 화려한 선으로 두른 대신 도련에는 천에 문양을 화려하게 하여 주름치마를 돋보이게 한 효과를 주고 있다. 웃옷의 가장자리를 모두 선과 같은 색상으로 문양을 나타낸 것이 아름다우며 둥근문양과 넝쿨문양 등을 연속하여 조화를 이루게 하였다[그림 103-1].

[표 5] 수산리 벽화무덤 (5세기, 袍·衫·襦에 두른 襈의 모습)

조사내용과 대상	襈이 둘러진 부분과 모습
주인공부부도와 주인·신하도의 袍	깃·섶·끝동·도련에 같은 색과 같은 폭의 襈이 둘러져 있다. 같은 袵形으로 받혀입은 속옷이 겉옷보다 길어 겉옷의 襈과 좋은 조화를 이룬다.
부인도의 부인의 襦	깃·섶·끝동에 같은 색과 같은 폭의 襈을 둘렀고, 깃과 소매에는 좁은 폭으로 襈과 같은 색으로 수를 놓아 襈과 병행되게 했다. 섶과 도련에는 襈과 같은 색으로 襈의 3배되는 폭으로 수를 놓았다. 속옷은 깃부분에 겉옷의 깃과 같은 색으로 좁게 襈을 둘렀다.
부인도의 시녀와 시녀도의 여시중군의 襦	깃·섶·끝동·도련에 같은 색과 같은 폭의 襈을 두줄로 둘렀다. 속옷은 소매 부분이 길게 나와 襈과 조화를 이룬다.

겉옷 안에 받쳐 입은 옅은 색의 속옷에도 겉옷과 같은 색의 좁은 폭의 선이 둘려져있어 볼연지와 잘 어울린다. 덕흥리고분벽화의 여인들은 수산리고분벽화의 여주인공 옷에서처럼 주름치마의 주름 폭의 색상[그림 104]을 달리하여 자연스럽게 문양을 표현하였다. 오늘날 한복에서 자주 사용하는 색동문양의 기원을 고구려에서 찾게 된다.

그 밖에 唐太宗(서기 627~649년) 때 그려진 현존하는 '왕회도'[155]에

---

155 李天鳴,『中國疆域的變遷』上冊, 臺北國立故宮博物院, 1997, 80쪽.

[그림 103-1] 수산리고분벽화 여주인
공 옷의 화려한 문양의 부분

[그림 103] 수산리고분벽화
여주인공의 화려한 문양의 옷

[그림 104] 덕흥리고분벽화의
주름치마를 입은 여인들

보이는 고구려사신의 복식은 [그림 105], [그림 105-1]에서와 같이 두
른 선과 문양의 색감을 화려하고 대담하게 조화한 모습이다. 왕회도의
고구려사신은 붉은색에 검은색의 넓은 폭의 선을 둘렀는데 깃보다 끝
동의 선의 폭이 더 넓어 무게감이 있다. 붉은 색 웃옷에 황금색 허리띠

를 넓게 둘러 무척 화려하고 힘있게 보인다. 그 위에 다시 원형의 장식을 주위에 일정하게 돌린 나뭇잎양식의 장식을 골고루 달아 매우 생동감이 흐른다. 문양이 위치한 간격이 일정한 것으로 보아 염색이나 직조기법에 의해 만들어진 것으로 생각되며 이 과정에서 광채가 있는 금실이나 은실을 사용했던 것으로 해석된다.

[그림 105, 105-1] 왕회도에 보이는 고구려 사신의 화려한 나뭇잎과 원형의 연속된 장식 문양

(2) 웃옷과 겉옷에 나타난 문양의 도안

앞의 (1)절에서 고찰한 고구려의 웃옷과 겉옷, 아래옷에 나타난 문양들은 매우 화려하고 기하학적이며 동적인 분위기를 자아낸다고 생각된다. 이러한 고구려 옷에 나타난 문양을 도안화하고 도안화된 내용을 다시 고구려 옷에서 나타났던 상태로 배분하여 고구려 사람들이 의복에서 나타내고자 했던 상징성과 조형의지에 좀 더 가깝게 접근하고자 한다. 도안화한 내용을 도표화하면 다음의 내용들이다.

■도안5■ 웃옷과 겉옷에 나타난 문양의 도안 예시

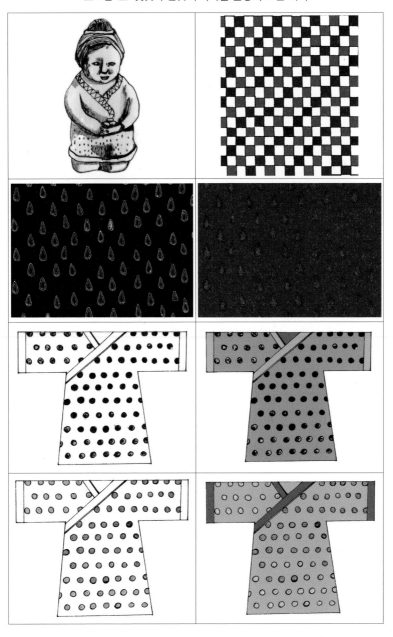

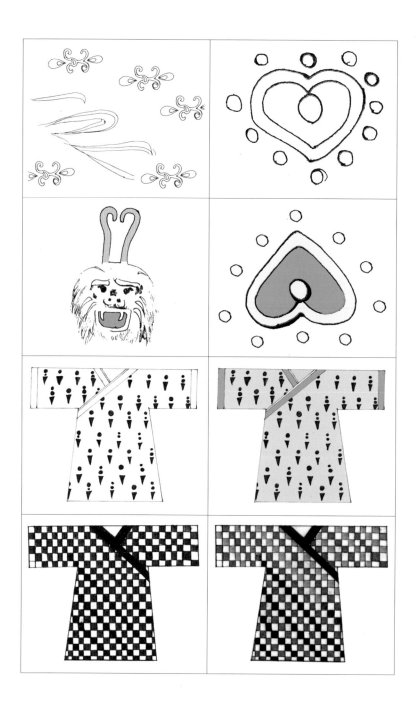

3. 아래옷 양식의 종류와 문양의 도안

(1) 아래옷 양식의 종류와 문양의 상징

고구려의 아래옷으로는 袴와 裙이 있다. 고구려의 일반 남자들은 袴를 겉옷으로 입었고, 여자들은 袴를 裙 속에 입었다.[156] 고구려 풍속에 窮袴[157]를 입었고, 신분에 관계없이 모두 大口袴를 입었다는 점으로 보아 窮袴는 바로 大口袴를 가리키는 것임을 알 수 있고 신분에 따라 袴의 양식에 구분을 두지 않았음을 알 수 있다. 고구려의 窮袴는 바로 大口袴이며 襠이 있는 袴를 말한다. 즉 고구려는 窮袴를 입었는데 이는 大臣[158]이나 존귀한사람[159] 및 일반인[160]들 또는 樂工人[161] 할 것 없이 모두 마찬가지였다. 이 같은 袴를 입는 것은 부여[162].

---

156 『三國史記』 卷33 「雜志」 色服條. "六頭品女,…… 袴禁罽繡錦羅繐羅繐羅金泥,…… 表裳禁罽繡錦羅繐羅野草羅金銀泥纐纈…… 五頭品女,…… 袴禁罽繡錦羅繐羅野草羅金泥,…… 表裳禁罽繡錦野草羅,…… 平人女,…… 袴用絁已下, 表裳用絹已下……."

157 『南齊書』 卷58 「列傳」 高(句)麗傳. "고(구)려 풍속은 窮袴를 입고, ……(高句麗俗服窮袴……)."

158 『新唐書』 卷220 「列傳」 高(句)麗傳. "大臣…… 袴大口."

159 『北史』 卷94 「列傳」 高句麗傳. "貴者…… 服大袖衫·大口袴.";『隋書』 卷81 「列傳」 高(句)麗傳. "貴者…… 服大袖衫, 大口袴."

160 『周書』 卷49 「列傳」 高(句)麗傳. "丈夫衣同袖衫·大口袴."

161 『三國史記』 卷32 「雜志」 樂. "고구려의 음악은 「通典」에서 말하길 '樂工人은 자주색 羅로 만든 모자에 새깃으로 장식하고, 황색의 큰 소매 옷에 자주색 羅로 만든 띠를 하고, 통이 넓은 바지에 붉은 가죽신을 신고……(高句麗樂, 通傳云, 樂工人紫羅帽, 飾以鳥羽, 黃大袖, 紫羅帶, 大口袴, 赤皮靴……)."

162 『三國志』 卷30 「烏丸鮮卑東夷傳」 夫餘傳. "(부여사람들은)…… 在國衣尙白, 白袍大袂, 袍·袴."

동옥저[163]·백제[164]·신라[165]의 경우도 마찬가지였다. 이로보아 大口袴를 입는 풍습은 고조선시대부터 내려온 오랜 복식 양식이었다고 생각된다.

이러한 문헌자료에 보이는 고구려 袴의 내용을 고구려 고분벽화와 '王會圖'[166] 등에서 살펴볼 수 있다. 고구려 袴의 양식을 정리하면 다음의 내용이다.

[표 6] 넓은 폭으로 바지부리가 여며진 고구려의 袴

고분 벽화 명칭	고분 벽화 구성원의 袴
안악 3호 고분 벽화	장하독·부월수·의장기수·뿔나팔 부는 사람은 大口袴를 입었다.
각저총 벽화	각저도의 서 있는 사람은 大口袴를 입었고 주인생활도의 남주인공은 둥근 문양의 大口袴를 입었다.
장천 1호 고분 벽화	야유·수렵도의 사람들은 모두 넓은 폭의 둥근 문양이 있는 大口袴를 입었다. 불교공양도의 서 있는 사람과 절하는 사람도 모두 大口袴를 입었다.
무용총 벽화	무용도의 기마인은 둥근 문양의 大口袴를 입었다.
삼실총 벽화	행렬도의 서 있는 사람들은 둥근 문양의 大口袴를 입었다.
수산리 고분벽화	주인공 부부도에 보이는 남자는 둥근 문양의 大口袴를 입었다.
대안리 1호 고분벽화	서벽 벽화에 사람들은 모두 大口袴를 입었다.

---

163 『後漢書』卷85「東夷列傳」東沃沮傳. "言語飲食衣服, 有似句麗." ; 『三國志』卷13「烏丸鮮卑東夷傳」東沃沮傳. "衣服禮節有似句麗."

164 『南史』卷79「列傳」百濟傳. "언어와 복장은 고(구)려와 거의 같다(言語服裝略與高麗同)." ; 『北史』卷94「列傳」百濟傳. "그 음식과 의복은 고(구)려와 거의 같다(其飲食衣服, 與高麗略同).'

165 『北史』卷94「列傳」新羅傳. "풍속·형정·의복은 고(구)려·백제와 거의 같다(風俗·刑政·衣服略與高麗·百濟同)." ; 『隋書』卷81「列傳」新羅傳. "풍속·형정·의복은 고구려·백제와 거의 같다(風俗·形政·衣服, 略與高麗·百濟同)."

166 李天鳴, 앞의 책, 1997, 80쪽.

[표 7] 왕회도의 고구려사신의 넓은 폭의 袴

유물명	고구려·백제·신라 사신들 袴
왕회도	고구려 사신의 袴에는 衫에 두른 襈과 다른 색의 襈을 둘렀다.

[표 8] 보통 폭의 바지부리가 여며진 고구려의 袴

고분 벽화 명칭	고분 벽화 구성원이 입은 袴
각저총 벽화	주인생활도의 시중군은 보통 폭의 袴를 입었다.
무용총 고분 벽화	수렵도의 기마인들은 보통 폭의 袴를 입었다. 무용도의 무용인은 보통 폭의 둥근 문양이 있는 袴를 입었다.
수산리 고분 벽화	주인공부부도의 우산을 들고 있는 시중군은 보통 폭의 袴를 입었다.
덕흥리 고분 벽화	행렬도에 보이는 기마인·마사회도의 기마인·주인교차도의 기마인들은 모두 보통 폭의 袴를 입었다.
쌍영총 고분 벽화	주인공 부부도의 시중군은 보통 폭의 袴를 입었다.
장천 1호 고분 벽화	야유·수렵도의 사람들은 보통 폭의 둥근 문양이 있는 폭이 점차 좁아진 袴를 입었다.
덕흥리 고분 벽화	우교차도의 우차부·부인교차도의 우차부와 우산을 든 사람은 보통 폭의 폭이 약간 좁아진 袴를 입었다.

[표 9] 넓은 폭으로 짧은 길이의 고구려의 袴

고분 벽화의 명칭	고분 벽화에 보이는 구성원이 입은 袴의 모습
약수리 고분벽화	무사도의 문지기는 넓은 폭의 袴로 무릎 아래의 길이이다.
수산리 고분 벽화	곡예도의 곡예를 하는 사람의 袴는 보통 폭으로 무릎 아래 길이이다.

이러한 고분벽화 등에 보이는 고구려 고의 특징은 두가지로 정리된다. 첫째는 '왕회도'에 보이는 고구려 사신의 袴는 바지부리를 여미는 대신에 襈을 둘렀다. 둘째는 고대 한국의 袴는 크게 넓은 폭과 보통 폭의 袴로 구분되는데, [표 6] 안악 3호분의 뿔나팔 부는 사람과 장천 1호 고분벽화 야유수렵도의 일부사람 등은 모두 大口袴를 입었다. 또한 시중군·기마인 등은 보통 폭의 袴를 입었다. [표 9]의 약수리 고분벽화의 문지기와 수산리 고분벽화의 곡예사는 짧은 길이의 袴를 입었다. 이로 보아 袴의 폭은 신분을 나타내는 것은 아니며, 하는 일에 따라 폭과 길이에 변화를 주었던 것으로 이해된다. 그러면 이러한 고구려의 다양한 폭의 바지에는 어떠한 문양들을 표현했는지 알아보기로 한다.

[그림 106]은 무용총 안방 벽화 주인의 바지 입은 모습 이다. 이 남성 주인은 각이 진 절풍에 넓은 폭의 바지를 입었는데, 바지의 문양은 사선으로 사각형의 연속된 공간을 만들고 그 안에 원형의 문양을 넣어 사각형과 원형이 일정한 간격으로 이어진 것이 특징적이다.

[그림 107]은 무용총 무용도의 말을 탄 사람의 폭 넓은 바지로 비교적 옅은 색의 바탕위에 원형의 문양

[그림 106] 무용총 안방벽화 주인의 대각선과 원형의 문양이 있는 바지

을 크고 작은 크기로 분산시켜 아른거리는 분위기를 표현했다. 이처럼 크고 작은 원형으로 문양을 이룬 것과 달리 [그림 108]은 동암리 고분벽화의 붉은 색의 책을 쓴 두 남성으로 방격문을 보이고 있다. 이 방격문은 붉은 색과 흰색, 검은 색으로 이루어져 대담한 분위기를 보여주고 있어 고구려 사람들의 진취적인 기상을 엿보는 듯하다. 화려한 방격문 뿐만 아니라 깃과 끝동에 두른 선도 검은 색과 붉은 색을 이중으로 둘러 무척 화려한 색감이 조화를 이룬 옷차림새이다.

[그림 107]의 무용총 기마인의 바지에는 크고 작은 원형의 문양이 있는데 이것은 일정한 간격으로 질서있게 뿌려 진듯한 부드러운 느낌을 주고 있다. [그림 109]는 수산리고분벽화의 시종의 모습이다. 웃옷

[그림 107] 무용총의 기마인의
크고 작은 원형의 문양이 있는 바지

[그림 108] 동암리 고분벽화에 보이는
붉은 색의 책을 쓴 사람 옷의 방격문

은 짙은 색 바탕에 붉은 색으로 깃과 끝동에 선을 둘리고 같은 붉은 색의 허리띠를 하고 있어 화려하다. 이와 함께 한 벌로 입은 폭이 넓은 바지는 긴 네모문양이 연속 나열되어 문양을 이루고 있는데 다리가 길어 보이는 효과를 준다. 이는 고구려 사람들의 역동적이며 경쾌한 패션 감각을 엿보게 하는 문양이다.

고구려에서는 여자들도 바지를 입었는데 그 모습이 [그림 110]에서 확인된다. 이 고구려 도용은 원형의 문양이 아래 부분에 장식되어 있고 깃에 사선의 문양이 있는 좁은 폭의 선을 둘린 긴 웃옷을 입고 있다. 무

[그림 109] 수산리 고분벽화에
보이는 긴네모문양의 바지

[그림 110] 원형문양의 긴 겉옷에
단색의 바지를 입은 고구려 여자도용

릎을 꿇고 앉아있는 모습에서 아래에 단색의 바지를 입었음을 알 수 있다. 고구려 고분벽화에 보이는 여인들은 대부분 치마 속에 일정하게 바지를 입은 것으로 나타나 최근 한복치마 안에 속바지를 입는 습속도 고구려시기 또는 이전시기부터 형성된 옷매무새 갖춤새였다고 여겨진다.

한편, 고구려 여자들의 아래옷인 군의 양식에 대해 『周書』의 「列傳」高(句)麗傳과 『北史』의 「列傳」高(句)麗傳에서는 이렇게 서술하고 있다.

> 남자는 통소매의 衫과 통이 넓은 바지를 입고 흰 가죽띠를 하고 누런 가죽신을 신는다.…… 부인은 裙과 襦를 입고 도련과 끝동에 襈을 둘렀다.[167]

> 부인은 裙과 襦에 襈을 두른다.[168]

이 내용을 통해 고구려의 남자들이 袴를 입는 반면 여자들은 도련에 襈을 두른 치마를 입었음을 알 수 있다. 또한 『宣和奉使高麗圖經』의 「婦人」에서 다음과 같이 기록하고 있다.

> 三韓의 의복제도는…… 옛 풍속에, 여자의 옷은 흰모시 黃色치마인데, 위로는 왕가의 친척과 귀한 집으로부터 아래로는 백성의 처첩에 이르기까지 한 모양이어서 구별이 없다 한다.[169]

---

167 『周書』卷49 「列傳」高(句)麗傳. "丈夫衣同袖衫·大口袴·白韋帶·黃革履.…… 婦人服裙襦, 裾袖皆爲襈."
168 『北史』卷94 「列傳」高(句)麗傳. "婦人裙襦加襈."
169 『宣和奉使高麗圖經』卷20 「婦人」. "臣聞, 三韓衣服之制…… 舊俗女子之服白紵

이러한 내용으로 보아 韓에서도 모든 계층의 여자들이 치마를 입었음을 알 수 있다. 고구려와 한에서 입었던 치마의 양식을 실제 고구려 고분벽화로부터 정리하면 세가지 내용으로 요약할 수 있다.

고구려 고분벽화를 통해 확인된 裙의 특징은 첫째로 도련까지 주름이 잡힌 裙과 허리에만 주름이 잡힌 裙으로 구분된다. 도련까지 주름이 잡힌 裙은 그 주름의 폭이 큰 것과 좁은 것이 있는데 덕흥리 고분벽화 우교차도의 내용과 수산리 고분 벽화 시녀도의 내용으로 보아 신분에 따른 구분은 아닌 것 같다. 허리에만 주름이 잡힌 裙은 큰 폭과 작은 폭이 있는데 일하는 여자들은 주로 작은 폭의 裙을 입었다. 둘째로 裙을 입은 모든 여자들은 裙 안에 바지부리가 여며진 袴를 입고 있다. 따라서 고대 한국의 여자들은 겉옷으로 반드시 裙을 입고 속에 袴를 입었음을 알 수 있다. 셋째로 襦나 袍와 함께 입은 裙은 모두 도련에 襈이 둘러져있다. 넷째로 수산리 고분벽화의 부인도에서 주인공이 입은 큰 폭으로 주름잡힌 裙의 주름이 여러 색으로 일반 裙보다 화려한 모습으로 신분의 차이를 보인다.

앞선 [그림 103]에서 확인할 수 있는 1절에서 서술한 수산리고분벽화의 여주인공의 치마는 문양은 없지만 색상을 달리하는 주름으로 큰 세로 문양을 이룬 것과 같은 분위기를 자아낸다. 같은 색동 주름치마 양식이 덕흥리 고분벽화 묘주부인 출행도의 시녀들의 모습[그림 111]에서도 보인다. 이러한 주름진 치마의 도련에 선을 두르게 되면 앉아 있을 때 자연스레 도련에 두른 선이 중첩을 이루며 문양을 이루게 되는데 좋은 예를 안악 3호 고분벽화의 여주인공의 치마 아래 부분[그림

黃裳, 上自公族貴家, 下及民庶妻妾, 一概無辨."

112]에서 찾을 수 있다.

[표 10] 裙의 모습

고분 벽화 명칭	고분 벽화에 보이는 裙의 양식
안악 3호 고분 벽화	주인도와 부인도 여자들은 폭이 넓은 치마를 입었다. 주방·육고·차고도와 정호도의 일하는 여자들은 모두 보통 폭의 치마를 입었다.
각저총 벽화	주인공생활도의 두 여주인공은 주름 잡힌 치마를 입었다. 한 사람은 치마 도련에 襈이 없고 또 다른 사람의 치마에는 이중으로 襈을 둘렀다.
장천 1호 고분 벽화	야유·수렵도의 서 있는 여자들은 주름 잡힌 치마를 입었고 도련에 襈을 둘렀다. 불교공양도의 서 있거나 절하는 여자들은 모두 치마를 입었는데 야유·수렵도 여자들의 것과 같은 양식이다.
무용총 벽화	무용도의 시중드는 여자와 춤추는 여자는 모두 주름이 있고 도련에 襈이 둘러진 것이다.
덕흥리 고분 벽화	우교차도에 보이는 여자들은 주름의 폭이 크고 작은 두 종류의 치마를 입었으며 도련에 좁은 襈을 둘렀다. 부인교차도 여자의 치마에는 큰 폭의 주름이 잡히고 도련에 좁은 襈을 둘렀다.
수산리 고분 벽화	부인도의 주인공은 큰 폭의 주름 잡힌 치마를 입었다.
삼실총 벽화	행렬도에 보이는 여자들은 좁은 폭의 주름과 도련에 襈이 둘러진 치마를 입었다.

[그림 111] 덕흥리 고분벽화 묘주부인 출행도의 시녀들 치마의 주름

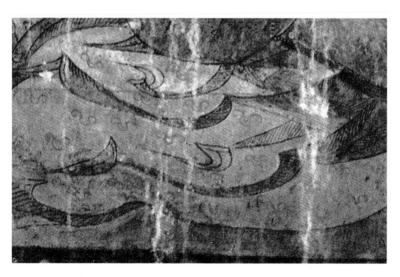

[그림 112] 안악 3호 고분벽화의 여주인공의 중첩된 치마 도련의 끝선이 이루는 문양

(2) 아래옷에 나타난 문양의 도안화

고구려의 웃옷과 겉옷, 아래옷에 나타난 문양들은 매우 화려하고 기하학적이며 동적인 분위기를 자아낸다. 이러한 고구려 옷에 나타난 문양을 도안화하여, 도안화된 내용을 다시 고구려 옷에서 보였던 상태로 배분하여 고구려 사람들이 의복에서 나타내고자 했던 상징성과 조형의지를 좀 더 명확히 고찰해 보기로 한다.

■도안6■ 아래옷에 나타난 문양의 도안 콘텐츠 예시

4. 탈 양식의 종류와 도안 콘텐츠

탈은 사람이나 동물
의 얼굴 모양을 만들
어 주로 얼굴에 쓰거
나 덮어서 분장에 사
용하는 것이다. 우리
말로는 탈 이외에 탈
박·탈박아지·광대·
초라니 등으로 불리
우고, 한자어로는 仮
面·代面·面具·面·仮
頭·仮首라 한다. 탈
은 얼굴을 가리는데
사용하므로 복식의
한 부분으로 분류할
수 있을 것이다.

[그림 113] 북표 출토 고구려의 금동제 가면

　고구려시대 사용되었던 탈 형상과 탈춤문화 등에 대해서 연구된 내
용은 없다. 단지 고조선과 고구려의 복식연구와[170] 고조선 탈춤문화
에 대한 연구에서[171] 요녕성 北票에서 출토된 고구려 초기의 금동제 가

170　박선희, 앞의 책, 2013, 28~29쪽.
171　임재해, 「고조선 시기 탈춤문화의 형성과 연행예술의 수준」, 『比較民俗學』제
　　40집, 비교민속학회, 2009, 273~275쪽.

면 1개가[그
림 113][172] 소
개되었을 뿐
이다. 그 외
에 동부여의
유적인 길림
시 동단산에
서 출토된 금
동제 가면이
[그림 114] 있

覆在死

[그림 114] 동단산유적 출토 금동제 동부여의 가면과 모사도

다.[173] 이처럼 고구려시대 남겨진 탈유물이 거의 없는 까닭은 당시 나
무탈이나 가죽탈 및 박탈 등이 사용되어졌다면 오랜 세월 견딜 수 없
어 지금까지 유물로 남아 있을 수 없었기 때문일 것이다.

　사실 고구려와 부여의 탈은 모두 눈과 입 등이 뚫려있지 않아 탈의
기능을 수행했을 것으로 보기는 어렵다. 그러나 발굴자들이 '面具'라고
한 것[174]으로 보아 탈로 분류할 수 있을 것이다. 동부여의 탈은 부리부
리한 눈과 열려있는 입과 드러낸 이빨이 특징적이며 이마에 깊은 주름
과 광대뼈가 두드러지게 표현되었다. 조형적으로 후대의 하회탈의 양
반탈과 관련성이 있어 보인다. 그러나 고구려 탈은 동부여 탈이 입체

172　遼寧省博物館·遼寧省文物考古研究所, 앞의 책, 2006, 115쪽.

173　李文信,「吉林市附近之史迹及遺物」,『中國考古集成』東北卷 綜述(二), 北京出
　　　版社, 1997, 1364쪽 ; 黃武·黃瑞,『走進東北古國』, 遠方出版社, 2006, 67쪽 ; 馬
　　　德謙,「談談吉林龍潭山·東團山一帶的漢代遺物」,『中國考古集成』東北卷 秦漢
　　　之三國(二), 北京出版社, 1997, 1248~1250쪽.

174　黃武·黃瑞, 위의 책, 67쪽.

적인데 비하여 매우 평면적이나 입과 코, 및 눈 등을 모두 돋을 새김문양으로 처리하여 현대적인 조형미를 보여준다.

Ⅱ장의 홍산문화 옥장식에서 제시한 탈모양의 경우 눈과 귀가 뚫려 있어 탈처럼 보인다. 하지만 크기가 작아 탈의 기능을 할 수 없다고 여겨지며, 발굴자들도 '人面'장식이라고 분류하였다.[175] 이러한 옥장식과 달리 고구려와 부여의 두 탈은 그 크기가 사람의 얼굴만 하고 상투머리의 특징까지 살린 것으로 보아 주검을 가리기 위한 탈이었을 가능성을 생각하게 한다.

홍산문화 옥장식들에서 보여지는 탈형상과 동부여와 고구려의 금동탈들은 우리나라 탈문화의 전통이 외래문화에 영향을 받아 이루어졌다는 전래설을 수정하게 할 수 있는 중요한 근거가 된다. 예를 들어 하회탈은 중앙아시아 계통의 탈이 중국을 거쳐 하회탈에 영향을 주었고 이것이 일본으로 건너가 노오면(能面)에 다시 영향을 주었다고 한다.[176] 그러나 홍산문화시기부터 탈양식의 장식품들이 만들어졌거나 이후 동부여와 고구려 등에서 탈이 만들어졌던 사실에서 하회탈의 전통은 홍산문화시기부터 비롯된 오랜 역사를 가질 뿐만 아니라 매우 독창적인 것임을 알 수 있다. 이러한 고구려 등의 탈문화를 도안 콘텐츠화 하는 작업은 우리문화를 우리문화답게 독창적으로 규명하여 문화적 창조력을 올바르게 갖추는 일이 될 것이다.

---

175 戴煒·侯文海·鄭耿杰, 앞의 책, 2007, 122·129 ·134쪽 ; 孫守道·劉淑娟, 앞의 책, 2007, 192쪽 그림 179 ; 戴煒·侯文海·鄭耿杰, 위의 책, 66쪽, 85쪽.
176 金元龍,『韓國美術史』, 범문사, 1968, 275쪽.

■도안7■ 탈 양식의 종류와 도안 콘텐츠 예시

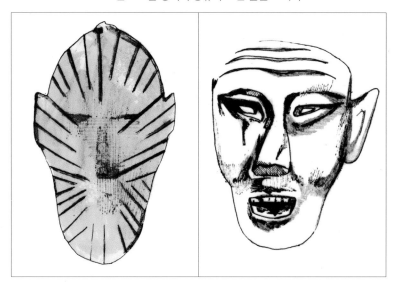

5. 허리띠양식의 종류와 문양의 도안화

고고학의 출토자료에 의하면 고구려 허리띠장식의 재료는 매우 다양하기 때문에 이들을 재료로 만들어진 허리띠장식에 나타나는 문양도 다양할 것이다. 허리띠장식의 재료는 뼈·金·금동·은·鍮石[177]·청동·철 등을 재료로 하여 사용하기도 하고 이것들을 광석물인 옥·마노 등을 장식으로 함께 사용하기도 했다.

앞서 서술했듯이 고조선의 유적인 요녕성 오한기 철장구유적에서 출토되기 시작한 긴 고리 모양의 청동제 허리띠 장식[178]은 이후 여러 나라의 유적에서 모두 나타나 고조선 허리띠 장식의 한 특징임을 알 수 있

[그림 115] 서차구 무덤유적 출토 청동제 허리띠 장식

---

177 鍮石은『三國史記』卷33「雜志」器用條와 屋舍條 에 보인다.『本草綱目』「金石部」("赤銅下李時珍日, 赤銅爲用最多, 人以爐甘石錬爲黃銅, 其色如金.")의 내용으로부터 鍮石은 金과 같은 색이 나는 黃銅를 가리킴을 알 수 있다.

178 邵國田,「敖漢旗鐵匠溝戰國墓地調査簡報」,『中國考古集成』東北卷 靑銅時代(一), 北京出版社, 1997, 825~829쪽.

다. 이 긴 고리 모양 허리띠 장식은 고구려로 이어져 고구려 초기의 유적인 요녕성 무순시 순성구 소갑방에 위치한 M3무덤[179]에서도 같은 양식의 것이 출토되었다.

또 다른 허리띠 장식의 양식으로 고구려 초기에 속하는 동부여의 유적인 요녕성 서풍현 서차구묘[180]에서 출토된 혁대에 달았던 원형의 청동장식단추와 청동허리띠장식[그림 115]을 들 수 있다. 서차구묘에서 보이는 원형의 장식과 고구려의 유적에서 많이 출토되는 나뭇잎양식의 장식은 중국이나 북방지역의 허리띠장식에서는 찾아볼 수 없어서 고조선으로부터 계승되어진 고유 양식이라 할 수 있다.

한반도와 만주의 대부분지역에서 사용되던 긴고리 모양의 허리띠장식은 서기 3세기경에 이르면 차츰 사라지고 고구려를 중심으로 나뭇잎양식을 장식한 허리띠장식이 출현한다. 길림성 집안현 고구려의 패왕조산성에서 비교적 단순한 모습의 나뭇잎양식의 청동 허리띠장식이 출토되었다.[181]

요녕성 조양현 과좌중기 육가자묘에서 출토된 약 서기 2세기에서 서기 4세기 초에 속하는 금동으로 만든 허리띠장식[그림 116]은[182] 금관식에서와 마찬가지로 대칭된 불꽃문양을 보인다. 이 같은 양식은 서기 3세기 초에서 서기 3세기 말에 속하는 것으로 추정되는 M152호 무덤의 유물에서도 확인된다. 아래 부분이 불꽃문양으로 투조된 금동으로 만든 허리띠장식[그림 117][183]이 그것이다. 그리고 한반도의 남부지

---

179 撫順市博物館,「撫順小甲邦東漢墓」,『中國考古集成』東北卷 秦漢至三國(二), 北京出版社, 1997, 959~962쪽.

180 孫守道, 앞의 글, 25~35쪽.

181 方起東,「吉林輯安高句麗霸王朝山城」,『考古』1962年 第11期, 569~571쪽.

182 張柏忠,「內蒙古科左中旗六家子鮮卑墓群」,『考古』1989年 第5期, 430~438쪽.

183 集安縣文物保管所,「集眼高句麗墓葬發掘簡報」,『考古』1983年 第4期, 301~

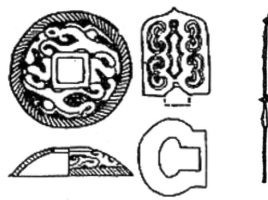
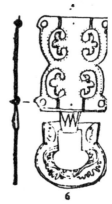

[그림 116] 육가자 무덤유적 출토
청동 허리띠 장식

[그림 117] 우산에서
출토된 청동 허리띠장식

역에서 출토되었다고 전하는 청동방울의 문양[그림 118][184]에서도 나타난다. 집안현 통구에 위치한 만보정 78호묘와[185] 길림성 집안현 장천에 위치한 장천 2호묘에서는 금동으로 만든 나뭇잎양식의 금동 허리띠장식이 출토되었다.[186] 집안현 칠성산에 위치한 96호 묘에서 나뭇잎양식의 청동 허리띠장식이 출토되었고, 우산에 위치한 우산 68호묘에서 나뭇잎양식의 금동 허리띠장식이 출토되었다.[187] 이보다 늦은 시

307쪽.

184 小泉顯夫·梅原末治·藤田亮策,「慶尙南北道忠淸南道古蹟調査報告」,『大正11年度古蹟調査報告』第1册, 朝鮮總督府, 1922.

185 吉林省博物館文物工作隊,「吉林集安的兩座高句麗墓」,『中國考古集成』東北卷兩晋至隋唐(二), 北京出版社, 1997, 567~576쪽.

186 吉林文物工作隊,「吉林集安長川二號封土墓發掘紀要」,『考古與文物』, 1983年第1期, 22~27쪽.

187 集安縣文物保管所,「集安縣兩座高句麗積石墓的淸理」,『中國考古集成』東北卷兩晋至隋唐(二), 北京出版社, 1997, 585~589쪽.

기인 서기 4세기 무렵에 속하는 길림성 집안현 동구유적에서도 금동으로 만든 허리띠장식이[그림 119][188] 출토되었는데 역시 관식에서와 같은 불꽃문양이 확인된다.

[그림 118] 청동방울모양

이와 같이 불꽃문양이 한반도와 만주의 전 지역에서 사용된 것으로 보아 불꽃문양의 양식은 고조선의 고유양식으로 이후 여러나라와 삼국시대에 이르기까지 지속적으로 발달해 갔음을 알 수 있다.

고구려 사람들은 고분벽화와 실제 출토 유물을 통해서 다양한 허리띠 장식을 했다. Ⅱ장에서 서술한 고조선시대부터의 허리띠 사용법이 그대로 계승되어져 가죽이나 천을 사용한 허리띠를 자유롭게 매기도 했고, 또는 금속으로 만든 대식으로 사용하기도 했다. 고구려에서 가죽과 직물로 만든 帶를 살펴보면 이들을 장식물 없이 사용하기도 하고 금속으로 만든 장식물들을 곁들여 사용하기도 했다.

[그림 119] 동구에서 출토된 청동 허리띠장식

---

188 吉林省文物工作隊·集安文管所, 「1976年集安洞溝高句麗墓淸理」, 『中國考古集成』東北卷 兩秦至隋唐(二), 北京出版社, 1997, 546~550쪽.

『舊唐書』의「東夷列傳」高(句)麗傳에는 이러한 帶에 관해 서술된 내용이 있다.

(왕)은 흰 가죽으로 만든 小帶를 (두르는데), 그 冠과 帶는 모두 金으로 장식한다.…… 벼슬이 높은 자는…… 흰 가죽 帶를 두르고 황색 가죽 신을 신는다.[189]

이를 통해 고구려의 왕과 벼슬이 높은 자가 모두 흰 가죽으로 된 帶를 둘렀음을 알 수 있다. 이는 백제와[190] 신라의 경우도 마찬가지였다.[191] 또한『周書』「列傳」高(句)麗傳에도 기록되었다.

[그림 120] 주인도의 帶

남자는 …… 흰 가죽 帶를 하고 황색 가죽신을 신는다.[192]

이로써 고구려의 일반 남자들도 모두 흰 가죽 帶를 둘렀음을 알 수 있다. 고구려의 왕이 두른

189 『舊唐書』卷199「東夷列傳」高(句)麗傳. "(王)…… 白皮小帶, 其冠及帶, 咸以金飾. 官之貴者,…… 白韋帶, 黃韋履."
190 『舊唐書』卷199「列傳」百濟傳. "其王服大袖紫袍,…… 素皮帶, 烏革履."
191 『舊唐書』卷199「列傳」新羅傳. "其風俗·刑法·衣服, 與高麗·百濟略同."
192 『周書』卷49「列傳」高(句)麗傳. "丈夫…… 白韋帶, 黃革履."

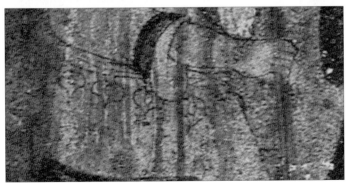

[그림 121] [그림 121-1] 의장기수도의 허리띠 장식과 확대부분

[그림 122] 장하독의 허리띠장식   [그림 122-1] 허리띠 장식 확대도

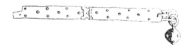

[그림 123] 마선구 1호 무덤유적 출토   [그림 124] 고조선 허리띠 장식
허리띠 장식

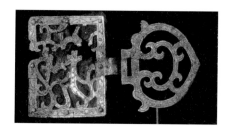

[그림 125] 초당동 고분 출토 금동 허리띠 장식

흰색 小帶는 안악 3호 고분벽화 주인도의 남주인공이 착용한 帶[그림 120]에서 그 실제 예를 볼 수 있는데 小帶에 긴 줄 문양이 있다. 의장 기수도의 바지를 입은 세 사람[그림 121], [그림 121-1]과 장하독의 흰 가죽 帶[그림 122], [그림 122-1]에는 나뭇잎양식의 장식이 연결되어 있다.

서기 4세기 중엽 이후의 고구려 유적에서는 앞서 말한 나뭇잎양식 의 장식을 한 허리띠장식에서 보다 발전한 모습의 것이 여러 곳에서 출토되었다. 집안현 마선구에 위치한 마선구 1호 무덤에서 복숭아 모 양을 비롯한 여러 가지의 양식의 허리띠장식과 그 부속물이었을 장식 들이 출토되었다[그림 123]. 또한 왕자분산묘들에서 출토된 금장식 단 추의 양식은 고조선의 장식단추와 같은 양식을 보여준다. 특히 이 유 적에서 출토된 긴고리모양 허리띠 장식[그림 124]은 고조선 중기부터 생산되기 시작하여 한반도와 만주의 전 지역에서 사용되던 고조선 허 리띠 장식의 한 양식이다. 앞서 서술한 안악 3호고분벽화 의장기수도 의 허리띠양식과 유사하다. 고구려유적인 강릉 초당동 고분에서 출토 된 금동 허리띠 장식[그림 125]은[193] 드리개 양식에서 왕자분산 묘유적 의 것과 같은 나뭇잎양식이다. 이러한 양식은 고구려에서 뿐만 아니라 신라의 황오리 14호분 1관과 황남대총 남분 은제 허리띠양식에서도 유사하게 나타나 고구려 금속공예 문화가 신라문화에 영향을 주었음 을 알 수 있다.

---

193 경기도박물관, 『우리 곁의 고구려』, 경기도 박물관, 2005, 185쪽(국립 춘천박 물관 소장).

■도안8■ 허리띠장식 문양 콘텐츠 예시

6. 신발양식의 종류와 문양의 도안화

고대 한국의 신은 履와 靴의 두 종류가 있다. 고구려·부여·백제·신라의 신에 관한 문헌기록에서 주로 履를 기재하고 있어 고대 한국에서는 일반적으로 남녀의 구분 없이 履를 신었던 것으로 생각된다. 고구려의 귀한 사람들[194]과 大臣[195]들 및 일반 남자들은[196] 모두 '黃革履'를 신었

[그림 126] 우하량유적 출토 옥장식

고, 동옥저 사람들은 고구려와 유사했다.[197] 부여사람들은 모두 '履革鞜'을 신었고,[198] 백제의 왕은 '烏革履'를 신었다.[199] 실제로 고구려 고분벽화와 사신도 및 고분출토 유물에서 履가 일반적으로 사용되었음이 확인된다. 그 모습은 앞부분이 모두 버선양식으로 올라간 모습을 하고 있다.

이러한 버선양식의 신은 이미 홍산문화의 홍산문화 후기의 牛河梁

---

194 『隋書』卷81「列傳」高(句)麗傳. "貴者,…… 黃革履."
195 『舊唐書』卷199「列傳」高(句)麗傳. "官之貴者, 則靑羅爲冠, 次以緋羅,…… 黃韋履."
196 『周書』卷49「列傳」高(句)麗傳. "丈夫…… 黃革履."
197 『三國志』卷30「烏丸鮮卑東夷傳」東沃沮傳. "飮食居處, 衣服禮節, 有似句麗."
198 『三國志』卷13「烏丸鮮卑東夷傳」夫餘傳. "革鞜履."
199 『舊唐書』卷199「列傳」高(句)麗傳. "其王服大袖紫袍,…… 烏革履."

유적[200]에서 출토된 옥기양식[그림 126]에서 보이고 있어 그 연원이 오래되었을 것으로 생각된다. 이 글에서 제시된 고구려 고분벽화의 履로부터 몇가지의 내용을 정리하면 다음과 같다.

고대 한국의 履는 남녀의 구분 없이 얕은 것과 발목 위 부분까지 올라간 것이 있다. 모두 앞 코부분이 올라간 형태로 [그림 127]부터 [그림

[그림 127] 무용총 무용도의 이

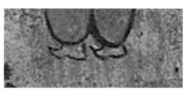

[그림 128] 덕흥리 고분벽화의 이

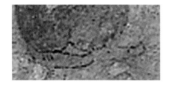

[그림 129] 덕흥리 고분벽화의 이

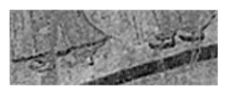

[그림 130] 덕흥리고분벽화
주인실내생활도 여인들의 이

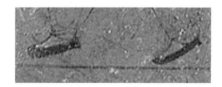

[그림 131] 덕흥리 고분벽화의 이

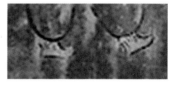

[그림 132] 안악 3호 고분벽화
뿔나팔부는 사람의 이

200 遼寧省文物考古硏究所, 「遼寧牛河梁紅山文化"女神廟"與積石塚群發掘簡報」, 『文物』, 1986年 8期, 1~17쪽 ; 孫守道·郭大順, 「牛河梁紅山文化女神像的發現與硏究」, 『文物』, 1986年 6期, 19쪽 ; 徐秉琨·孫守道, 앞의 책, 1996, 34쪽 그림 24.

132]에서 볼 수 있듯이 지
금의 버선양식을 하고 있
다. 무용총 무용도에서 袴
를 입은 남자들은 얕은 높
이의 履[그림 127]를 신었
으며 袍와 裙을 입은 여자
들도 발목 위 부분까지 올
라온 履를 신은 것으로 보
아 履를 신는데 남녀의 구
분이 없었던 것으로 생각
된다. 또한 덕흥리 고분벽
화 우교차도에 보이는 여
자들의 履는 발목부분에
묶음 형식을 하고 있다.

고대 한국의 靴는 그 출
토된 유물이 없으나 정가
와자 6512호 무덤과 고구

[그림 133] 정가와자 유적
청동 달개장식 출토 상황

려 고분벽화의 내용으로부터 그 복원이 가능하다. 고조선의 유적인 요
녕성 심양시에 위치한 서기 전 7세기에서 서기 전 5세기에 속하는 정가
와자 6512호 무덤에서 매장자의 무릎아래에서 발밑에 이르기까지 비
파형동검과 함께 청동장식단추가 모두 180여개가 출토되어 발굴자들
은 이를 긴 가죽장화에 달았던 장식물로 보고 있다[그림 133].[201] 같은

---

201 박진욱, 『조선고고학전서』, 과학 백과사전 종합 출판사, 1997, 57~58쪽 ; 沈陽

시기에 속하는 요녕성 여대시의 누상 1호묘에서는 청동장식단추 41개가 출토되었는데, 이 무덤은 서쪽 유물 절반이 완전히 없어진 상태이므로 더욱 많은 양의 장식단추가 있었을 것으로 생각된다.[202] 이렇게 보면 靴의 신목은 무릎 밑까지 올라왔을 것으로 생각된다. 이러한 긴 길이의 靴는 청동장식단추가 부착되지 않았으나 안악 3호 고분벽화의 경우 행렬도에 보이는 갑옷을 입은 보병과 갑옷을 입지 않은 보병들이 신은 검은색 長靴의 모습과 같을 것이라 생각된다. 그리고 정가와자 무덤유적

[그림 134] 왕회도의 고구려·신라·백제사신의 목이 짧은 화

市文物工作組, 앞의 글, 1997, 1880쪽.
202 조선유적유물도감편찬위원회, 앞의 책, 1989, 60쪽.

에서 많은 양의 원형의 크고 작은 장식을 달았던 것으로 보아 고조선 사람들이 옷과 신발에 같은 양식의 장식을 하였던 것으로 추정된다.

비교적 목이 짧은 靴의 경우는 사신도의 고구려와 백제 및 신라의 사신들이 신은 갈색의 가죽신[그림 134]을 들 수 있다. 또 다른 목이 짧은 화는 쌍영총 부부도의 묘주의 신[그림 135]에서 엿볼 수 있다. 이 신은 검은색으로 버선양식으로 되었고, 신목에 붉은 색 장식이 둘러져 있다.

『삼국사기』의 「雜志」 色服條에 '靴帶'[203]에 관한 규제가 보이고, 진골

[그림 135] 쌍영총 부부도에 보이는 목이 짧은 화

203 『三國史記』 卷33 「雜志」 色服條 참조.

계층부터 4두품에 이르기까지 적용한 복식규제에서 모두 靴帶에 대해 기록한 것으로 보아 고구려에도 화대제가 있었을 것으로 생각된다. 쌍영총 부부도에 보이는 목이 짧은 검은 색 靴에 장식된 것은 靴帶인 것이다.

이러한 고구려 신의 양식은 지금의 버선모양과 같이 도안화 할 수 있다.

■도안9■ 신발양식의 종류와 문양 콘텐츠 예시

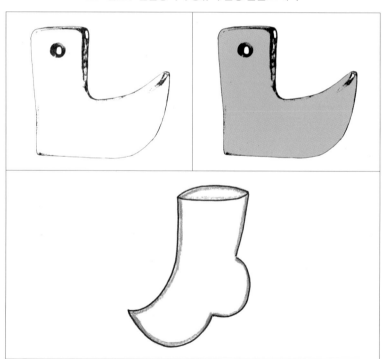

Ⅳ. 고구려 장신구의
종류와 문양의 형상화

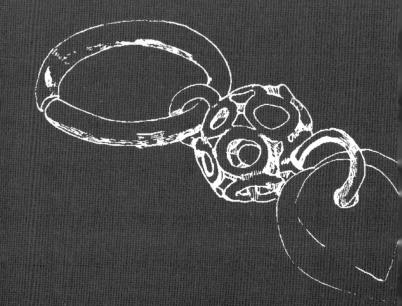

1. 머리꽂이 양식과 형상화

고구려 유물 가운데 발견된 머리꽂이는
매우 적다. 동구 옛 무덤 가운데 우산묘
군지역 동쪽 용산의 남쪽 산기슭에 위치
한 장군총에서 모두 도굴되고 두 개의
금관식이 출토되었다. 하나는 금동 머리
꽂이[그림 136]이고 다른 하나는 용도를
알 수 없는 금으로 장식품[그림 137]이
다.²⁰⁴

이 금동 머리꽂이는 표면에 주변을 돌

[그림 136] 장군총 출토
금으로 만든 머리꽂이

---

204 吉林省文物考古硏究所·集安市博物館 編著, 앞의 글, 2004, 335~363쪽. 圖版
29-1.

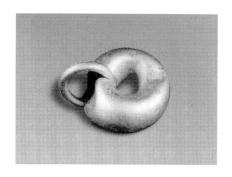

[그림 137] 장군총 출토 금장식품

매어단 용도였을 것이라 여겨진다.

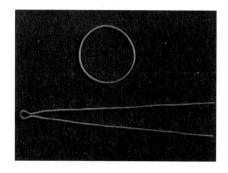

[그림 138] 롱악동에서 출토된
은팔찌와 머리꽂이

아가면서 두 겹으로 선문양을 나타냈다. 뽀족한 부분은 손실되었다. 뽀족한 갈구리모양의 끝부분에는 작은 구멍이 있어 달개장식을 달아 아름답게 꾸몄을 것이다. 금장식품은 속이 빈 것으로 구조로 보아

앞의 Ⅱ장에서 고조선 이전시기 머리꽂이가 대체로 문양이 없고 간혹 점문양을 부분적으로 나타냈음을 서술하였다. 고조선시대에 출토된 머리꽂이도 같은 양상을 보이는데 고구려의 경우도 마찬가지로

남아있는 머리꽂이들에서 문양이 없음을 알 수 있다. 좋은 예로 평안남도 순천시 롱악동에서 은팔찌와 함께 출토된 머리꽂이[그림 138]는 매우 가늘고 단순하며 문양이 없다.[205] 또한 평안남도 순천시 북창리 고장골 1호묘에서 출토된 은으로 만든 머리꽂이[그림 139][206]에도 문

---

205 조선유적유물도감편찬위원회, 앞의 책, 1993, 278쪽의 그림476.
206 위의 책, 1993, 280쪽의 그림481.

양이 없이 단조로운 것이 특징이다. 머리꽂이의 용도는 상투머리를 틀
어 올려 고정시키는데 사용되었을 것으로 밖으로 드러나는 부분이 적
어 특히 문양을 필요로 하지 않았을 것으로 생각된다.

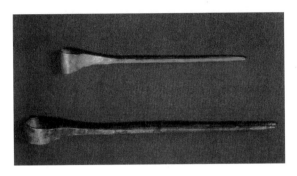

[그림 139] 고장골 1호묘에서 출토된 은으로 만든 머리꽂이

2. 귀걸이 양식과 형상화

고구려의 귀걸이는 현존하는 것이 아주 적다. [그림 140]의 고구려 금
귀걸이는 길이 3.5cm로 중심의 둥근 문양으로 투조한 원형의 입방체

[그림 140] 고구려의 금귀걸이

[그림 141] 태성리출토
금귀걸이

[그림 142] 대동군출토
금귀걸이

장식 아래 나뭇잎양식의 달개를 크고 작은 것 두 개를 겹쳐달았다.[207] 이 귀걸이의 출토지역은 알 수 없으나 유사한 양식의 금귀걸이가 한 반도의 남포시 강서구역 태성리[그림 141]와[208] 평안남도 대동군[그림 142][209]에서 출토되었다. 남포시 출토 금귀걸이는 길이 5cm로 나뭇 잎양식의 달개가 하나이며 둥근 입방체와의 연결부분을 굵게 연결하 여 대담한 분위기이다. [그림 142]의 금귀걸이는 신체에 연결했을 부 분을 둥글고 굵은 고리양식으로 하고 나뭇잎양식의 달개를 입체적으 로 하여 작고 굵은 고리양식으로 입방체와 연결하여 소담하고 아름다 운 분위기를 자아낸다. 이들 금귀걸이는 모두 중간부분에 작고 둥근 고리를 연결하여 만든 입방체를 달아 만든 것이 공통점이다. 그 밖에 평양시 대성구역 안학동에서 출토된 금귀걸이는 큰 것과 작은 것[그림 143] 두 개가 출토되었다.[210] 앞선 귀걸이들보다 작지만 모두 중간부분 에 입방체를 연결하였다. 단지 나뭇잎양식의 달개를 달지 않고 입방체

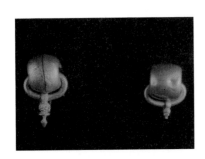 

[그림 143] 안학동출토 금귀걸이   [그림 144] 약수리출토 금귀걸이

207 한국토지공사 토지박물관, 앞의 책, 2005, 135쪽.
208 조선유적유물도감편찬위원회, 앞의 책, 1993, 276쪽의 그림472.
209 조선유적유물도감편찬위원회, 위의 책, 275쪽의 그림471.
210 조선유적유물도감편찬위원회, 위의 책, 277쪽의 그림473.

아래에 원추형장식을 연결하여 마 무리하였다. 이 귀걸이들은 단순하 며 굵은 고리가 강조되는 남성적인 아름다움을 나타내고 있다. 이처럼 입방체를 연결한 양식의 귀걸이는 신라고분 황오리 14호분과, 황남대 총 남분, 경산 임당 7C호 옹관 등에 서도 출토되어 고구려의 금귀걸이 양식이 신라 초기 귀걸이 양식에 영향을 주었음을 알게 한다.[211]

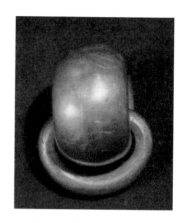

[그림 145] 룡흥리출토 금귀걸이

그 밖에 같은 남포시에 출토된 강서구역 약수리 금귀걸이[그림 144][212]와 룡강리 룡흥리에서 출토된 금귀걸이[그림 145][213]는 입방체 의 연결고리 없어 기존의 것과 다른 조형미를 보여준다. [그림 144] 는 작은 원형의 금구슬을 금사슬로 큰 원형의 둘레양식을 연결하여 세심한 여성미를 보여주는 반면에 [그림 145]의 금귀걸이는 무척 굵 은고리 및 비교적 얇고 도톰한 고리만을 연결하여 굵직하고 남성적 인 세련미를 돋우고 있다. 이러한 고구려 금귀걸이들의 조형미를 형 상화하는 작업은 한국 고유의 미를 정리하는 의미 있는 작업이라 생 각된다.

211 리일남, 「고구려 귀걸이의 형태와 기법」, 『조선고고연구』 91-3, 사회과학원 고 고학연구소, 1991 참조.
212 조선유적유물도감편찬위원회, 앞의 책, 1993, 278의 그림475.
213 조선유적유물도감편찬위원회, 위의 책, 277쪽 그림474.

3. 반지와 팔찌양식의 형상화

고구려 사람들이 착용했던 반지와 팔찌도 귀걸이처럼 남아있는 유물
이 거의 없다. Ⅲ장에서 서술한 요녕성 조양현 십이태향 원태자촌에
위치한 왕자분산묘군의 ? M8713 : 1 묘에서 금관식과 함께 두 가지

[그림 146] 왕자분산묘군출토 금반지

[그림 147] 왕자분산묘군출토 금방울

양식의 금반지[그림 146]와 금방울[그림 147], 금비녀, 금팔찌, 청동팔찌, 상감한 금구슬 등 다양하고 화려한 장식물들이 출토되었다.[214] 그러나 발굴자들이 금비녀와 금팔찌 등의 자료를 제시하지 않아 살펴볼 방법이 없다. 이 유적에서 출토된 청동거울은 잔줄문양의 고조선 청동거울의 특징을 그대로 하고 있고, 금방울이 21개나 발굴되었다. 이 같은 방울이 발굴되는 것은 고조선시대부터 한민족이 갖는 유물의 특징이다. 방울의 형태 또한 고조선 방울의 특징을 그대로 하고 있어 이 유적은 고구려의 유적으로 해석된다.[215] 작은 반지는 사선으로 기하학적인 도형을 그리고 그 안에 점열문을 가득 넣은 문양을 표현했다. 큰 반지는 가운데는 타원형과 반원의 형태로 비취옥을 넣고 양쪽 옆면에는 삼각형과 마름모형으로 비취옥을 넣고 주변을 원형의 작은 구슬 양식으로 장식하여 이중으로 둘렀다.

평안남도 순천시 룡봉리 2호묘에서는 은가락지[그림 148][216]가 출토되었고, 황해북도 봉산군 천덕리에서는 동

[그림 148] 룡봉리 2호무덤출토 은가락지

---

214 徐秉琨·孫守道, 앞의 책, 1998, 137쪽의 그림 163, 140쪽의 그림 167.
215 박선희, 앞의 책, 2002, 259~289쪽 참조.
216 조선유적유물도감편찬위원회, 앞의 책, 1993, 279쪽의 그림 479.

일한 양식의 은팔찌가 2개[그림 149]²¹⁷ 출토되었다. 이 은반지와 은팔찌는 모두 원형의 구슬양식을 돌출되게 연결하여 문양을 이루한 공통점을 보이고 있어 이 시기 고구려에서 이러한 양식이 유행했던 것으로 생각된다.

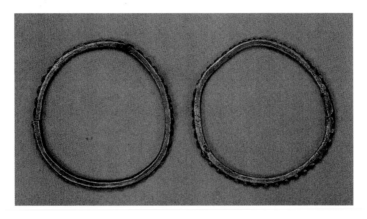

[그림 149] 천덕리출토 은팔찌지

이를 도안화 하면 다음의 내용이다.

---

217 조선유적유물도감편찬위원회, 앞의 책, 1993, 279쪽의 그림 477.

■도안10■ 장신구의 종류와 문양 도안 콘텐츠 예시

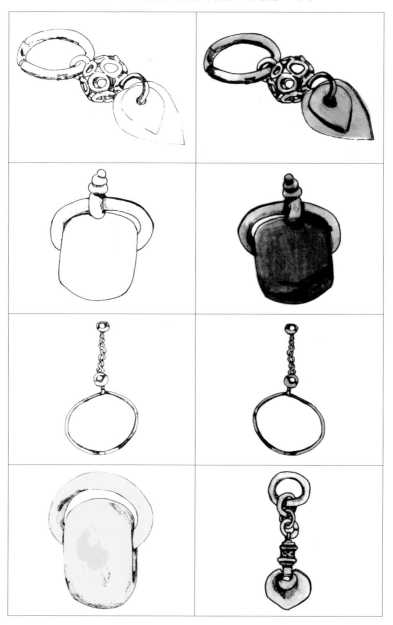

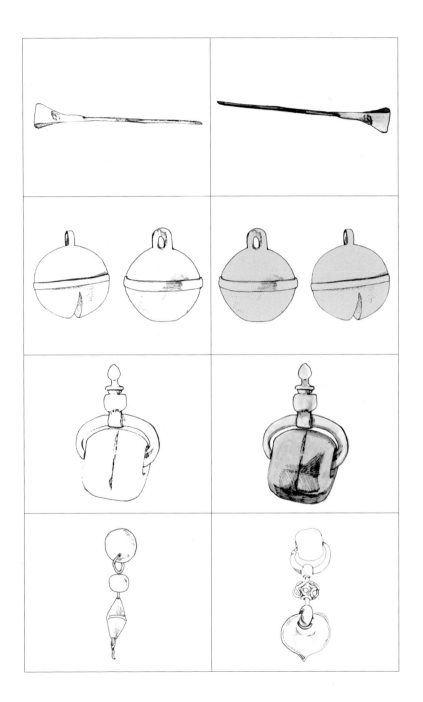

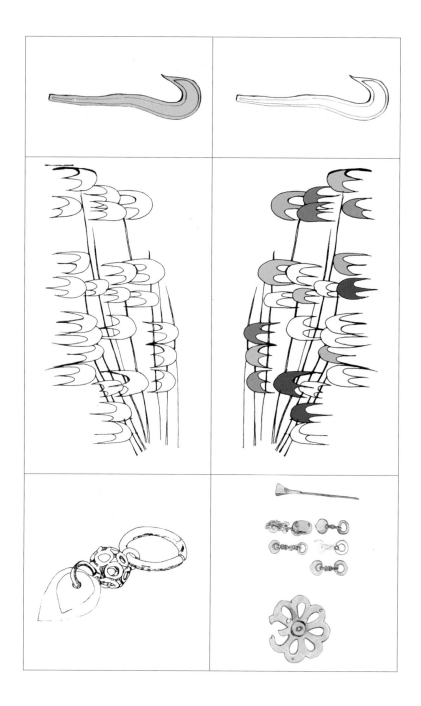

Ⅴ. 맺는 말

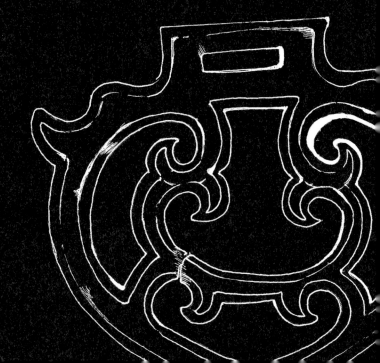

이 글은 고조선 이전시기부터 고구려시대에 이르기까지 복식에 나타난 문양을 고찰하고 그 상징성을 밝혀 도안화 하는것을 목적으로 했다. 그렇기 때문에 고구려의 복식문양을 살펴보기에 앞서 이전시기의 복식양상을 살펴봐야 할 필요가 있다.

선사시대의 복식유물은 주로 장신구들이 남아있는데, 한반도와 만주지역에서 출토되어지는 머리꽂이는 대부분 선을 긋거나 점을 찍은 문양이거나 혹은 점과 선을 조합한 문양이 특징이다. 홍산문화에서 출토되어지는 옥장식은 만주지역 뿐만 아니라 한반도에서도 마찬가지로 나타난다. 옥장식 가운데 곡옥은 중국이나 북방지역과 달리 한반도와 만주지역에서 모두 출토되어지며 청동기시대와 철기시대 유적들에서도 고루 출토되었다. 이러한 옥장식들은 고조선시대 청동장식 달개와 함께 복식에 장식되어 조화를 이루며 화려한 조형미를 나타낸다. 곡옥은 삼국시대 신라의 금관에서 더욱 발전적인 형태로 나타나며 허리띠 장식 등 한국 장식사에서 매우 중요한 고유양식으로 홍산문화로부터 삼국시대에 이르기까지 뚜렷하게 통시적인 발달사를 보여준다.

고조선시대의 사람들이 의복에 특징적으로 가장 많이 장식했던 것은 달개장식이다. 이 달개장식은 신석기시대부터 고조선 영역에서 출토되는 가락바퀴와 질그릇 및 청동기 등에 특징적으로 보이는 새김문양을 나타내거나, 또는 고조선의 청동거울이나 비파형동검 검집에 나타나는 문양과 같은 잔줄문양을 보임으로써 고조선의 유물이 갖는 특징과 맥락을 같이 한다. 고조선사람들이 사용한 허리띠 장식에는 화려하고 다양한 문양이 자주 보인다. 정백동 37호 무덤 유적에서는 화려한 호랑이 문양이 돋보이는 청동허리띠장식이 함께 출토되었고 정백동 92호 무덤에서도 유사한 청동허리띠장식이 출토되었다. 석암리 9호 무덤유적에서는 금으로 만들어진 용문양의 금허리띠장식과 문양이 화려한 벽옥, 곰모양 장식품이 여럿 출토되었다. 벽옥장식에는 가운데 둥근 원을 중심으로 작은 원 문양을 돌기양식으로 원을 따라 돌려 장식했다. 이것은 둥근 태양을 중심으로 타오르는 불꽃문양을 표현한 것으로 해석된다. 특히 곰모양 장식은 해학적인 표정에서 현대적인 조형미를 보인다. 이러한 장식양식과 문양기법을 도안 콘텐츠화 하면 독특한 조형 이치를 이루게 될 것으로 생각된다.

이렇게 고찰한 복식문양 가운데 잔줄문양과 선문양, 곰과 호랑이 문양은 복식문양으로 자주 드러나는 데 그 까닭은『三國遺事』에 나타나는 단군신화에서 찾을 수 있을 것이다. 환웅족은 단군신화의 내용에서 잘 드러나듯이 하늘에서 강림한 천신족이자 천신, 곧 하느님과 태양신을 섬기는 신앙과 문화를 가졌으며 고조선 건국과정에서 주체적인 역할을 했던 것으로 해석된다. 이러한 천신신앙의 전통을 상징하기 위해 햇살을 표현한 새김문양을 자주 사용했을 것으로 여겨진다. 뿐만 아니라 고조선 장식품에 곰과 호랑이가 자주 등장하는 것도 단군신화의 내용에 보이는 곰족과 범족을 상징화했을 것으로 생각된다. 고구려 초기유적에서 출토된 금동장식품에는 삼족오 아래 곰과 호랑이가 묘사되어있어 단군신화의 내용이 상징된 것으로 해석된다.

이와같은 단군신화의 천신신앙 계승 양상은 고대인의 관모에서 엿볼 수 있다. 고대 한민족은 변과 절풍 및 책으로 부르는 관모들을 오랫동안 써왔다. 고구려의 경우도 백성들은 변을 쓰고, 대가와 주부는 모두 중국의 책과 비슷한 관을 쓰며 소가는 절풍을 썼다. 이러한 고구려 사람들이 썼던 관모에 장식한 금속제 관식에서 고유한 문양을 살펴볼 수 있다. 이들 관모에는 둥근 양식의 장식과 함께 태양을 표현하였다. 그 예로 룡산리 7호무덤에서 출토된 금동 절풍을 들 수 있다. 금동 절풍에는 가운데 동그라미 테둘레 안에 해를 상징하는 삼족오가 날개를 활짝 편 모습이 형상되었고 둘레에는 구름문양과 봉황문양을 나타냈다.

이처럼 권력의 상징물인 금동관모에 화염문, 즉 태양과 삼족오 문양이 표현된 까닭은 고구려 건국신화에 기록된 주몽의 아버지인 해모수의 출현을 상징하고 있는 모습일 가능성이 크다. 신화에서 해모수는 천제의 아들로서 하늘로부터 지상세계로 내려오는데, 다섯 마리의 용이 끄는 수레를 타고 머리에는 새깃을 꽂은 관을 쓰고 허리에는 용광검을 차고 있다. 이러한 해모수는 태양신을 상징하는 존재로서 고구려의 권력자 관모에 불꽃으로 문양화됐을 것이다. 원형의 달개장식 역시 원형의 태양을 상징했을 것이며, 달개가 흔들리면서 연출하는 장식기법은 태양빛이나 태양열을 표현했을 것이다. 이처럼 태양의 빛과 열을 나타냈을 관모에 달았던 달개장식들은 집안지역에 있는 고구려 왕릉들에서 일정하게 출토되었다.

고구려에서 관모장식마다 태양을 상징하는 장식을 표현한 것은 주몽의 탄생과 고구려의 건국과정에도 잘 나타나 있다. 『삼국사기』「고구려본기」의 시조 동명왕조와 『광개토왕릉비문』에서는 고구려의 건국과정을 설명하면서 시조인 추모왕이 나라를 세울 때 그의 아버지는 북부여 천제의 아들이었다고 하며 주몽을 천제의 아들이라 했다. 주몽이 해모수, 즉 천제인 태양신의 아들이라는 점은 『삼국유사』에 서술된 유화의 주몽 잉태과정에서 태양빛을 받았던 것으로 짐작할 수 있다. 『모두루묘지』에서도 해와 달의 아들인 추모성왕이라고 하였다. 이처럼 고구려사람들은 고조선을 계승하여 하늘을 섬기고 태양을 숭배하는 천신신앙의 전통을 그대로 이었던 나라답게 관모장식에서 일관되게 태양과 태양빛, 태양열 등을 문양으로 고스란히 표현하였다고 생각된다.

고구려시대의 웃옷과 겉옷에는 襈이 둘러져 문양의 역할을 하며 의복의 전체적인 디자인을 크게 좌우했으며, 그 위에 원형과 나뭇잎양식의 장식을 자주 화려하게 장식했다. 복식에서 원형의 문양은 장식뿐만 아니라 마름모문양, 네모·세모문양, 타원문양, 사각형문양이 함께 조화를 이루어 독특하다. 고구려의 아래옷으로는 袴와 裙이 있다. 바지의 문양은 사선으로 사각형의 연속된 공간을 만들고 그 안에 원형의 문양을 넣었다. 사각형과 원형이 일정한 간격으로 나열되거나, 원형의 문양을 크고 작은 크기로 분산시켜 아른거리는 분위기를 표현하기도 했다. 또는 서로 다른색상으로 대담한 방격문양을 나타냈다. 바지와 달리 치마는 주로 단조로운 색상에 주름을 잡고 색상을 달리하여 색동을 나타내고 도련에 선을 둘러 중첩될 때 자연스럽게 문양이 이루어지는 멋을 보이고 있다.

고구려는 허리띠장식의 재료로 뼈·金·금동·은·鑛石·청동·철 등을 다양하게 재료로 사용하고 여기에 옥·마노 등의 광석물을 곁들였다. 고구려의 금동 허리띠장식은 금관식에서와 마찬가지로 대칭된 불꽃문양을 자주 보인다. 이 같은 양식은 한반도와 만주지역에서 출토된 대부분의 허리띠 장식에서 고루 나타난다. 이처럼 불꽃문양이 한반도와 만주의 전 지역에서 사용된 것으로 보아 불꽃문양의 양식은 고조선의 고유양식으로 이후 열국과 삼국시대에 이르기까지 지속적으로 발달해 갔다고 하겠다.

고대 한국의 신은 목이 짧은 履와 목이 긴 靴의 두 종류가 있다. 이 신들의 모습은 앞부분이 모두 버선양식으로 올라간 모습을 하고 있다. 버선양식은 홍산문화 후기의 우하량유적에서 출토된 옥기양식에서 보이고 있어 그 연원이 오래되었을 것으로 생각된다. 이러한 신에도 원형의 장식을 달았던 것으로 보아 고구려 사람들은 고조선을 이어 모자는 물론이고 웃옷과 겉옷 아래옷과 신발 모두 같은 양식의 장식을 하였던 것으로 추정된다.

고구려의 머리꽂이는 문양이 없이 단조로운 것이 특징이다. 금이나 금동 귀걸이의 경우 둥근 문양으로 투조한 원형의 입방체 장식 아래 나뭇잎양식의 달개를 크고 작은 것 두 개를 겹쳐달거나 신체에 연결한 부분을 둥글고 굵은 고리양식, 나뭇잎양식의 달개를 입체적으로 하여 작고 굵은 고리양식으로 입방체와 연결하는 양식이 특징적이다. 이처럼 입방체를 연결한 양식의 귀걸이는 신라고분 등에서도 출토되어 고구려의 금귀걸이 양식이 신라 초기 귀걸이 양식에 영향을 주었음을 알게 한다.

이상으로 정리한 고조선사를 비롯한 고구려사 복식문양 고찰에서 문양의 양식과 도안화에 이르기까지 주체적인 역사연구와 우리문화의 창조력을 입증하는 독창적인 연구가 이루어져야 역사를 바로하고 문화의 정체성을 올바르게 밝힐 수 있는 길이 열리게 되리라 생각한다. 지금 많은 사람들이 문화의 세계화를 외치지만, 실제로 민족문화의 독창성과 주체성이 없이는 세계화를 이루기 어렵다. 문화의 세계화는 서로 다른 문화들이 민족과 국경을 넘나들며 서로 교류하고 소통하며 공유함을 의미한다. 그러므로 주체적이고 독창성이 없는 문화민족과 문화콘텐츠의 세계화는 사실상 외래문화에 종속되기 쉬울 뿐이다. 우리가 올바른 문화의 세계화를 이루기 위해서는 우리문화를 독창적으로 규명하고 새롭게 해석하는 주체적인 이론을 만들어내야 할 필요가 있다. 따라서 고구려 문양의 기원을 찾아내고 그 원류와 상징의미를 해석하여 도안화하는 작업은 우리문화의 뿌리와 역사를 올바르게 밝히는 일임과 동시에 그 자체로 교류와 소통의 힘이 되어 문양 콘텐츠의 세계화에 이바지하게 할 것이다.

이에 대한 실례로 I장부터 IV장에서 고구려 복식에 나타나는 다양한 양식의 문양들을 고찰하고 이에 대한 도안화를 시도하여 정리하였다. 이러한 도안들은 단독으로 또는 서로 조화를 이루며 고구려 문양의 고유성과 정체성을 나타내 줄 것이다. 정리된 도안들을 활용하여 일정한 공간에서 나열하여 또 다른 시각적 이미지를 표출해 보고, 고정된 이미지들에 연속성과 리듬을 부여하여 고구려 사람들이 추구했던 이상과 현실세계에 접근하는 노력이 수반되어야 할 것이다. 고구려 복식 문양의 도안콘텐츠가 다양하게 이합집산을 가지며 변화하게 되면 무궁무진한 복식문양의 도안 콘텐츠의 세계를 이루게 되는데 그 실제 예를 몇 가지 제시하면 다음과 같다.

▣도안11▣ 복식문양 도안 콘텐츠 예시

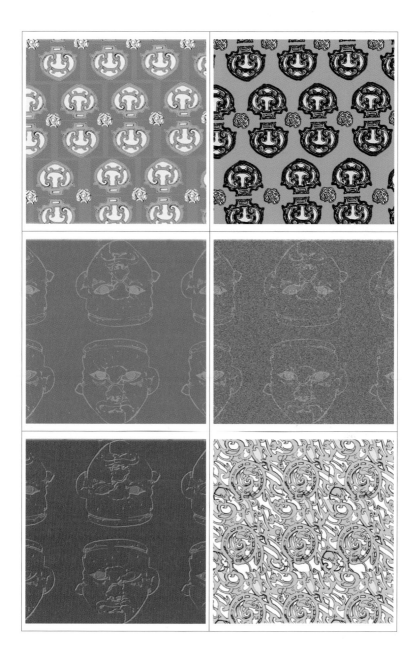

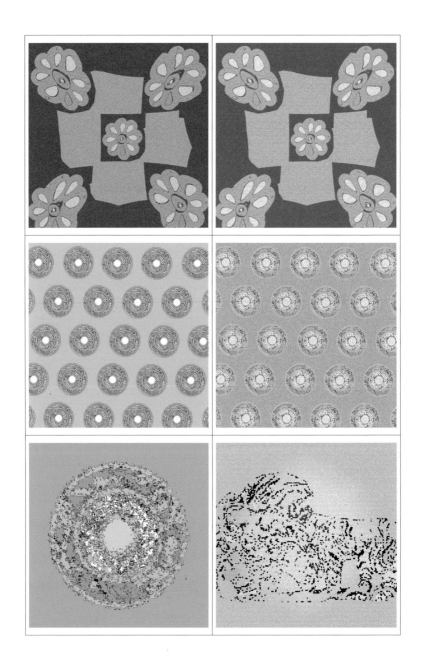

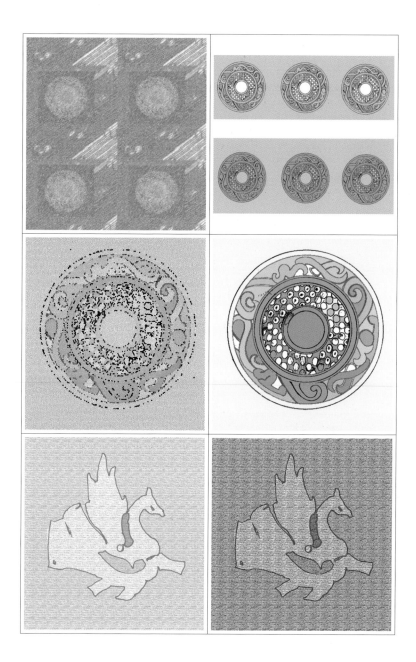

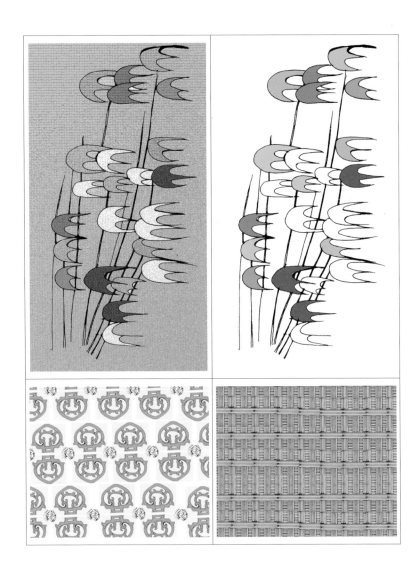

참 고 문 헌

■ 문헌사료

『嘉禮都監儀軌』『高麗史』『舊唐書』『舊五代史』『南史』『南齊書』『唐會要』
『東明王編』『梁書』『渤海國志長編』『北史』『北齊書』『史記』『釋名』『三國史記』
『三國遺事』『三國志』『宣和奉使高麗圖經』『說文解字』『隋書』『宋書』『續日本紀』
『梁書』『新唐書』『爾雅』『日本書紀』『魏略』『魏書』『帝王韻紀』『周書』『晉書』
『漢書』『翰苑』

■ 금석문자료

『籠吾里山城 磨崖石刻』,『牟頭婁墓誌銘』,『泉男生墓誌銘』,『泉獻誠墓誌銘』,
『泉南產墓誌銘』

■ 비문(碑文)

『廣開土王陵碑』

■ 고고자료

慶州 斷石山 神仙寺 石窟의 磨崖 供養 人物像.

경주 사적 관리사무소, 「銀製 冠飾」, 『경주 황남동 제98호 고분 발굴 약보고』,
　　　1974.

경상대학교 박물관, 『합천 옥전고분 1차 발굴조사개보』, 1986.

경상대학교 박물관, 『합천 옥전고분군I - 목곽묘』, 1988.

고고학 및 민속학연구소, 『나진초도원시유적 발굴보고서』, 제1집, 과학원출판
　　　사, 1956.

고고학 및 민속학 연구소, 『회령오동 원시유적 발굴보고 - 유적발굴보고 제7
집, 사회과학원출판사, 1960.

고고학연구소, 「무산범의구석 발굴보고」, 『고고민속론문집』 6, 사회과학출판
사, 1975.

고고학연구소, 「서포항 원시유적 발굴보고」, 『고고민속론문집』 4, 사회과학원
출판사, 1972.

국립경주박물관, 『국립경주박물관』, 통천문화사, 1995.

국립광주박물관, 『국립광주박물관』, 통천문화사, 1994.

국립김해박물관, 『국립김해박물관』, 통천문화사, 1998.

국사편찬위원회소장, 『慶州 栢栗寺 石幢記』.

국립문화재연구소, 『高城文岩里遺蹟』, 2004.

경기도박물관, 『우리 곁의 고구려』, 경기도 박물관, 2005.

金基雄, 『韓國의 壁畵古墳』 - 韓國史選書, 同和出版公社, 1982.

金元龍, 『韓國美術全集』 Ⅰ - 原始美術, 同和出版公社, 1973.

金榮來, 『南原·月山里古墳發掘調査報告』, 全州, 1983.

리순진·김재용, 『락랑구역일대의 고분발굴보고』, 사회과학출판사, 백산자료
원, 2002.

문화공보부·문화재관리국, 『慶州皇南洞第98號古墳(南墳)發掘略報告』, 1976.

文化財管理局, 『武寧王陵』, 發掘調査報告書, 文化公報部 文化財管理局,
1973.

문화재관리국, 『天馬塚 發掘 調査 報告書』, 1974.

문화재연구소, 『益山 笠店里 古墳群』, 1989.

文化財管理局 文化財研究所, 『皇南大塚』, 慶州市 黃南洞 第 98號古墳 南墳發
掘調査報告書, 文化財管理局, 1993.

박진욱, 『조선고고학전서』 고대편, 과학백과사전종합출판사, 1997.

사회과학원 고고학연구소 전야고고대, 「나무곽무덤 - 정백동 37호무덤」, 『고고학자료집』 제5집, 과학·백과사전출판사, 1978.

서울대학교박물관, 『서울대학교박물관 발굴유물도록』, 1977.

李亨求, 『晉州 大坪里 玉房 5地區 先史遺蹟』-南江댐 水沒地區 遺蹟發掘調査報告書 第6册, 鮮文大學校`慶尙南道, 2001.

任孝宰·權鶴洙, 『鰲山里遺蹟』- 서울大學校博物館 考古人類學叢刊 9册, 서울대박물관, 1984.

任孝宰·李俊貞, 『鰲山里遺蹟 III』, 서울大學校博物館, 1988.

조선유적유물도감편찬위원회, 『조선유적유물도감』 1 - 원시편, 조선유적유물도감편찬위원회, 1988.

조선유적유물도감편찬위원회, 『조선유적유물도감』 2 - 고조선·부여·진국편, 조선유적유물도감 편찬위원회, 1989.

조선유적유물도감편찬위원회, 『조선유적유물도감』-고구려편(2), 민족문화, 1993.

朝鮮畫報社, 『高句麗古墳壁畵』, 朝鮮畫報社出版部, 1985.

韓國古代社會研究所 編, 『韓國古代金石文』 제1권, 駕洛國史蹟開發研究院, 1992.

郭大順·張克擧, 「遼寧省喀左縣東山嘴紅山文化建築群址發掘簡報」, 『文物』, 1984年 11期.

吉林省文物考古研究所·集安市博物館 編著, 『集安高句麗王陵-1990~2003年 集安高句麗王陵調査報告』, 文物出版社, 2004.

吉林省博物館·永吉縣文化館, 「吉林永吉星星哨石棺墓第三次發掘」, 『考古學集刊』 3, 中國社會科學出版社, 1983.

南京博物院,『沂南古畵象石墓發掘報告』, 文物出版社, 1956.

沈陽古宮博物館·沈陽市文物管理辨公室,「沈陽鄭家洼子的兩座靑銅時代墓
　　葬」,『考古學報』, 1975年 第1期.

楊虎,「內蒙古敖漢旗興隆洼遺址發掘簡報」,『考古』, 1985年 10期.

遼寧省博物館·遼寧省文物考古研究所,『遼河文明展 文物集萃』, 遼寧省博物
　　館·遼寧省文物考 古研究所, 2006.

遼寧省文物考古研究所,『牛河梁-紅山文化遺址發掘報告(1983-2003年度)』, 文
　　物出版社, 2012.

中國科學院考古研究所內蒙古工作隊,「寧城南山根遺址發掘報告」,『考古學
　　報』, 1975年 第1期.

中國社會科學院考古研究所東北工作隊,「內蒙古寧城縣南山根102號石棺墓」,
　　『考古』, 1981年4期.

中國社會科學院考古研究所內蒙古工作隊,「內蒙古敖漢旗興隆洼遺址發掘簡
　　報」,『考古』, 1985年 10期.

河姆渡遺址考古隊,「浙江河姆渡遺址第二期發掘的主要收獲」,『文物』, 1980年
　　5期.

關野貞 等,『樂浪郡時代の遺蹟』- 古蹟調査特別報告 第4冊, 朝鮮總督府, 昭和
　　2(1927).

奈良國立博物館,『正倉院展圖錄』, 昭和 53(1975).

奈良國立博物館,『正倉院展圖錄』, 1994.

東京國立博物館,『日本古美術展 圖錄』, 1964.

東京國立博物館,『黃河文明展 圖錄』, 1986.

馬場是一郎·小川敬吉,「梁山夫婦塚と其遺物」,『古蹟調査特別報告』第5冊, 朝
　　鮮總督府, 1926.

梅原末治,「慶州金鈴塚飾履塚發掘調査報告」,『大正十三年度古蹟調査報告』
　　　第1册, 朝鮮總督府, 1924.

濱田靑陵,『慶州の金冠塚』,「第6, 金銅冠其他の帽幘」, 慶州古蹟保存會, 1932.

小泉顯夫·梅原末治·藤田亮策,「慶尙南北道忠淸南道古蹟調査報告」,『大正11
　　　年度古蹟調査報告』第1册, 朝鮮總督府, 1922.

齋藤忠,「慶州皇南里第109號墳」,『昭和9年度古蹟調査報告』第1册, 1937.

朝鮮古蹟硏究會,「慶尙北道 達成郡 遠西面 古蹟調査報告」,『1923年度古蹟調
　　　査報告』第1册, 1923.

河北新報社·日本對外文化協會,『河北新報創刊85周年·十字屋仙台店開店10周
　　　年記念 草原のシルクロード展 圖錄』, 1982.

■ 논저 : 단행본

가와노 히로시 지음·진중권 옮김,『예술 기호 정보』, 중원문화, 2010.

국립민속박물관·한국문화콘텐츠진흥원 편,『한국의 문양디자인 Ⅱ-자수문
　　　양』, 대원사, 2004.

고구려연구재단,『고조선·단군·부여』, 2004.

姜仁求,『百濟古墳硏究』, 一志社, 1977.

高福男,『韓國傳統服飾史硏究』, 一潮閣, 1991.

국립중앙박물관,『국립중앙박물관』, 통천문화사, 1991.

金東旭,『增補 韓國服飾史硏究』, 亞細亞文化社, 1979.

金東旭,『新羅의 服飾』, 新羅文化宣揚會, 1979.

金東旭,『百濟의 服飾』, 百濟文化開發硏究院, 1985.

金文子,『韓國服飾文化의 源流』, 민족문화사, 1994.

김병모,『금관의 비밀』, 푸른역사, 1998.

김세리,『VISION & LMAGES, 시각과 이미지』, 한국학술정보(주), 2013.

김재필·이정진,『한국의 천연염료』, 서울대학교출판부, 2003.

김영숙·김명숙,『한국복식사』, 청주대학교출판부, 1998.

金仁圭·申東泰,『섬유재료』, 白山出版社, 1996.

김용준,『고구려 고분벽화 연구』, 사회과학원출판사, 1958.

김원룡,『한국미술사』, 汎文社, 1968.

金元龍,『韓國壁畵古墳』, 一志社, 1983.

金元龍,『韓國考古學硏究』第3版, 一志社, 1992.

김원용·안휘준,『한국미술사』, 서울대학교출판부, 1993.

고조선사연구회·동북아역사재단,『고조선의 역사를 찾아서』, 학연문화사,
　　　2007.

남중희·신봉섭,『실크과학』, 서울대학교출판부, 1998.

무함마드 깐수,『新羅 西域交流史』, 檀國大學校出版部, 1992.

민길자,『세계의 직물』, 한림원, 1998.

민길자,『전통옷감』, 대원사, 1998.

박선희,『한국고대복식 ; 그 원형과 정체』, 지식산업사, 2002.

박선희,『우리 금관의 역사를 밝힌다』, 지식산업사, 2008.

박선희,『고조선 복식문화의 발견』, 지식산업사, 2011.

박선희,『고구려 금관의 정치사』, 경인문화사, 2013.

박진석·강맹산,『고구려 유적과 유물연구』, 東北朝鮮民族教育出版社, 1999.

백영자·최해율,『한국의 복식문화』, 경춘사, 2000.

사회과학원력사연구소,『조선문화사』, 과학·백과사전출판사, 1988.

사회과학원 력사연구소,『조선전사』1 - 원시편, 과학·백과사전출판사, 1979.

사회과학원 력사연구소,『조선전사』2 - 고대편, 과학·백과사전출판사, 1979.

사회과학원 력사연구소,『고구려사』, 과학·백과사전출판사, 1991.

宋桂鉉·金舜圭,『韓國의 軍服飾發達史 1』, 國防軍史研究所, 1997.

宋啓源·李茂夏·蔡榮錫,『皮革과 毛皮의 科學』, 先進文化社, 1998.

신영선,『服飾의 정신문화』, 敎文社, 1998.

愼鏞廈,『韓國 原民族 形成과 歷史的 傳統』, 나남출판, 2005.

申瀅植,『百濟史』, 이화여자대학교 출판부, 1992.

申瀅植,『新羅史』, 이화여자대학교 출판부, 1985.

심연옥,『한국직물문양 이천년』, 삼화인쇄출판사, 2006.

오강원,『서단산문화와 길림지역의 청동기문화』, 學研文化社, 2008.

유송옥·이은영·황선진,『복식문화』, 敎文社, 1997.

柳喜卿,『한국 복식사 연구』, 이화여자대학교출판부, 1980.

윤내현,『고조선 연구』, 一志社, 1995.

윤내현,『한국 열국사 연구』, 지식산업사, 1998.

윤내현·박선희·하문식,『고조선의 강역을 밝힌다』, 지식산업사, 2006.

윤명철,『고구려는 우리의 미래다』, 고래실, 2004.

윤명철,『고구려의 정신과 정책』, 학연문화사, 2004.

李京子,『韓國服飾史論』, 一志社, 1998.

李京子,『우리 옷의 傳統樣式』, 이화여자대학교출판부, 2003.

李京子·洪那英·張淑煥,『우리 옷과 장신구』, 열화당, 2011.

李慶成,『韓國美術史』, 문교출판사, 1962.

李基白,『韓國史新論』, 一潮閣, 1977.

이난영,『신라의 토우』, 교양 국사 총서 편찬위원회, 1976.

이난영,『한국고대의 금속공예』, 서울대학교 출판부, 2000.

李如星,『朝鮮服飾考』, 白楊堂, 1947.

이은창,『한국 복식의 역사』- 고대편, 세종대왕기념사업회, 1978.

이한상,『황금의 나라 신라』, 김영사, 2004.

이창식,『전통문화와 문화콘텐츠』, 역락, 2008.

杉本正年 著·문광희譯,「동양복장사논고」고대편, 경춘사, 1995.

임영미,『한국의 복식문화 1』, 경춘사, 1996.

林永周,『韓國紋樣史』, 미진사, 1983.

林永周,『傳統紋樣資料集』, 미진사, 1986.

임재해,『신라 금관의 기원을 밝힌다』, 지식산업사, 2008.

임재해 외,『한국신화의 정체성을 밝힌다』, 지식산업사, 2008.

우실하,『3수 분화의 세계관』, 소나무, 2012.

우실하,『고조선의 강역과 요하문명』, 동아지도, 2007.

우실하,『동북공정 너머 요하문명론』, 소나무, 2007.

오영찬,『낙랑군연구』, 사계절, 2006.

秦弘燮,『한국금속공예』, 一志社, 1980.

조희승,『가야사연구』, 사회과학원출판사, 1994.

전호태,『고구려 고분벽화 연구』, 사계절, 2000.

정복상·정이상,『전통 문양의 응용과 전개』, 창지사, 1996.

崔秉鉉,『新羅古墳硏究』, 一志社, 1992.

채금석,『전통한복과 한스타일』, 지구문화, 2012.

최몽룡·이형구·조유전·심봉근,『고조선문화 연구』, 한국정신문화연구원,
    1999.

한국토지공사 토지박물관,『생명의 땅, 역사의 땅』, 한국토지공사 토지박물관,
    2006.

황기덕,『조선 원시 및 고대 사회의 기술발전』, 과학백과사전출판사, 1997.

郭大順,『龍出遼河源院』, 白花文藝出版社, 2001.

郭大順,『紅山文化』, 文物出版社, 2005.

郭大順·張星德, 김정열 옮김,『동북문화와 유연문명』하, 동북아 역사재단, 2008.

郭富純·越錫金,『大連古代文明圖說』, 吉林文史出版社, 2010.

杜迺松,『中國靑銅器』, 中央編譯出版社, 2008.

段拭,『漢畫』, 中國古典藝術出版社, 1958.

戴煒·侯文海·鄭耿杰,『眞賞紅山』, 內蒙固人民出版社, 2007.

上海市戲曲學校中國服裝史研究組編著, 周迅·高春明撰文,『中國服飾五千年』, 商務印書館香港分館, 1984.

上海博物館靑銅器研究組編,『商周靑銅器紋飾』, 文物出版社, 1984.

沈福文,『中國漆藝美術史』, 人民美術出版社, 1992.

沈從文,『中國古代服飾研究』, 商務印書館, 香港, 1992.

徐 强,『紅山文化古玉鑑定』北 京: 華藝出版社, 2007.

徐秉琨·孫守道,『東北文化』, 上海遠東出版社·商務印書館, 1996.

徐秉琨·孫守道,『中國地域文化大系』, 上海遠東出版社, 1998.

孫守道·劉淑娟 著,『紅山文化 玉器新品新鑒』, 吉林文史出版社, 2007.

遼寧省文物考古研究所,『牛河梁紅山文化遺址與玉器精粹』, 文物出版社, 1997.

王伯敏,『中國美術通史』, 山東教育出版社, 1987.

王永强·史衛民·謝建猷,『中國小數民族文化史』東北卷 一, 廣西教育出版社, 1999.

王宇淸,『中國服裝史綱』, 中華大典編印會, 1978.

劉慶孝·諸葛鎧,『敦煌裝飾圖案』, 山東人民出版社, 1982.

于建設 主編,『紅山玉器』, 呼和浩特: 遠方出版社.

李肖冰,『中國西域民族服飾研究』, 新疆人民出版社, 1995.

李浴·劉中澄·凌瑞蘭·李震·可平·王乃功,『東北藝術史』, 春風文藝出版社, 1992.

李天鳴,『中國疆域的變遷』上册, 臺北國立故宮博物院, 1997.

朝陽市文化局·遼寧省文物考古研究所,『牛河梁遺址』, 學苑出版社, 2004.

張廣文,『玉器史話』, 紫禁城出版社, 1991.

蔣孔陽 主編,『中國古代美學藝術史論文集』, 上海古籍出版社, 1981.

張星德,『紅山文化研究』, 中國社會科學出版社, 2005.

張博泉·魏存成,『東北古代民族·考古與疆域』, 吉林大學出版社, 1998.

周迅·高春明,『中國古代服飾大觀』, 重慶出版社, 1995.

黃武·黃瑞,『走進東北古國』, 遠方出版社, 2006.

回顧,『中國絲綢紋樣史』, 黑龍江美術出版社, 1990.

關野貞 外,『樂浪郡時代の遺蹟』, 朝鮮總督府, 1927.

渡邊素舟,『中國古代文樣史(上)』, 雄山閣, 昭和 51(1976).

林巳奈夫,『中國玉器總說』, 吉川弘文館, 1999.

Akishev. K. A.,『Issyk Mound, Moscow』, 1978.

Artamonov, M. I,『Treasures from Scythian Tombs』, trans Kupriyanova, Thames & Hudson, 1969.

Sergei I, Rudeuko,『Frozen Tombs of Siberia - The Pazyryk Burials of Iron-Age Horsemen』, University of California, 1970.

Sullivan, Michael,『The Arts of China』, Revised Edition, Univ. of California Press, 1979.

Jettmar. K,『Art of the Stepps』, Heidlberg, 1966.

■ 논저 : 논문

강승남, 「우리나라 원시 및 고대 유색금 속의 이용에 대한 고찰」, 『조선고고연 구』, 92-4, 사회과학원 고고학연구소, 1992.

강승남, 「고조선시기의 청동 및 철 가공기술」, 『조선고고연구』 95-2, 사회과학 원 고고학연구소, 1995.

강승남, 「락랑유적의 금속 유물에 대하여」, 『조선고고연구』 96-2, 사회과학원 고고학연구소, 1996.

권희경, 「高句麗 古墳壁畵에 나타난 仙人·仙女像 및 奏樂天에 관한 硏究」, 『한 국고대사연구』 20, 2000.

권주현, 「진,변한인의 생활과 문화」, 『진.변한사연구』, 2002.

金庠基, 「國史上에 나타난 建國說話의 檢討」, 『東方史論叢』, 서울대학교출판 부, 1984.

김용준, 「백제 복식에 관한 자료」, 『문화유산』, 사회과학원출판사, 1959.

김용준, 「안악 제3호분(하무덤)의 연대와 그 주인공에 대하여」, 『문화유산』, 1957.

金貞淑, 「新羅文化에 나타나는 動物의 象徵」, 『신라문화』 7, 신라문화학회, 1990.

김희찬, 「고구려 귀면문 와당의 형식과 변천」, 『고구려발해연구』 34, 고구려발 해학회, 2009.

權兌遠, 「百濟의 冠帽系統考」- 百濟의 陶俑人物像을 中心으로, 『考古美術史』 - 史學志 論文輯 1, 檀國大史學會, 1994.

리일남, 「고구려 귀걸이의 형태와 기법」, 『조선고고연구』 91-3, 사회과학원연 구소, 1991.

朴京子, 「古墳壁畵에서 본 高句麗服飾 小考」, 『韓國服飾論巧』, 新丘文化社,

1983.

朴京子,「德興里 古墳壁畵의 服飾史的 硏究」,『韓國服飾論巧』, 新丘文化社, 1983.

朴仙姬,「고조선 복식양식의 형성과 장식기법의 고유성」,『白山學報』84호, 白山學會, 2009.

朴仙姬,「평양 낙랑유적 복식유물의 문화성격과 고조선」,『고조선단군학』20호, 고조선단군학회, 2009.

朴仙姬,「고조선 관모양식을 이은 고구려 금관의 출현과 발전 재검토」,『고조선단군학』25호, 고조선단군학회, 2011.

朴仙姬,「신라 금관에 선행한 고구려 금관의 발전양상과 금관의 주체」,『白山學報』90호, 白山學會, 2011.

복기대,「臨屯太守章 封泥를 통해 본 漢四郡의 위치」,『白山學報』제61호, 白山學會, 2001.

손영종,「덕흥리벽화무덤의 주인공의 국적문제에 대하여」,『력사과학』, 1987년 제1호, 과학백과사전출판사.

손영종,「덕흥리벽화무덤의 피장자 망명인 설에 대한 비판(1)」,『력사과학』, 1991년 제1호, 과학·백과사전출판사.

손영종,「덕흥리벽화무덤의 피장자 망명인 설에 대한 비판(2)」,『력사과학』, 1991년 제2호, 과학·백과사전출판사.

愼鏞廈,「韓國民族의 기원과 형성」,『韓國學報』, 일지사, 2000.

신용하,「고조선 '아사달 문양'이 새겨진 山東 大汶口문화유물」,『韓國學報』102, 일지사, 2001.

李仁淑,「신라와 가야의 裝身具」,『한국고대사논총』제3집, 한국고대사회연구소, 1992.

이은주, 「의생활의 역사」, 『한국민속사입문』, 1996.

임재해, 「단군신화에 갈무리된 문화적 원형과 민족문화의 정체성」, 『단군학연구』16호, 단군학회, 2007.

임재해, 「한국신화의 주체적 인식과 민족문화의 전체성」, 『단군학연구』17호, 단군학회, 2007.

임재해, 「고조선 시기 탈춤문화의 형성과 연행예술의 수준」, 『비교고고학』40, 비교민속학회, 2009.

임재해, 「'신시본풀이'로 본 고조선문화의 형성과 홍산문화」, 『단군학연구』20호, 고조선단군학회, 2009.

임재해, 「신시고국 환웅족 문화의 '해' 상징과 천신신앙의 지속성」, 『고조선단군학』23호, 단군학회, 2010.

李殷昌, 「三國時代武具」, 『韓國の考古學』, 河出書房, 1972.

우실하, 「동북공정의 최종판 '요하문명론'」, 『단군학연구』15호, 단군학회, 2006.

尹乃鉉, 「扶餘의 분열과 變遷」, 『祥明史學』第三·四合輯, 1995.

尹明喆, 「高句麗의 古朝鮮 繼承性에 關한 硏究」1, 『고구려발해연구』13, 고구려발해학회, 2002.

윤명철, 「壇君神話와 고구려 建國神話가 지닌 正體性(IDENTITY) 탐구」, 『단군학연구』6호, 단군학회, 2002.

윤명철, 「고구려의 고조선 계승성에 관한 연구」2, 『고조선단군학』14호, 고조선단군학회, 2006.

전주농, 「안악 하무덤(3호분)에 대하여」, 『문화유산』, 사회과학원출판사, 1959.

전주농, 「고조선의 공예」, 『문화유산』, 1961년 1기, 사회과학원출판사.

全虎兌·崔光植,「高句麗 古墳壁畵와 동아시아 古代 葬儀美術」,『고구려발해연구』16, 2003.

조희승,「평양 락랑유적에서 드러난 고대 비단에 대하여」,『조선고고연구』, 사회과학원 고고학연구소, 1996년 제1호.

조법종,「고구려 고분벽화에 나타난 단군 인식 검토-한국 고대 동물숭배전통과의 관련성을 중심으로-」,『고조선단군학』12호, 고조선단군학회, 2005.

조법종,「한국 고대사회의 고조선, 단군인식 연구-고조선, 고구려시기 단군인식의 계승성을 중심으로-」,『선사와 고대』23, 한국고대학회, 2005.

정원주,「高句麗건국신화의전개와변용」,『고구려발해연구』33, 고구려발해학회, 2009.

천석근,「안악 제3호 무덤벽화의 복식에 대하여」,『조선고고연구』, 사회과학원 고고학연구소, 1986년 제3호.

천석근,「고구려 옷에 반영된 계급 신분 관계의 고찰」,『력사과학』, 과학·백과사전출판사, 1987.

최택선,「고구려 벽화무덤의 주인공 문제에 대하여」,『력사과학』, 1985년 4호, 과학·백과사전출판사.

최택선,「고구려의 인물풍속도무덤과 인물풍속 및 사신도 무덤 주인공들의 벼슬등급에 대하여」,『력사과학』, 1988년 제1호, 과학·백과사전출판사.

최원희,「고구려 녀자 옷에 관한 연구」,『문화유산』2, 사회과학원출판사, 1962.

한인호,「고조선 초기의 금제품에 대한 고찰」,『조선고고연구』1, 사회과학출판사, 1995.

한인호,「고조선의 귀금속 유물에 대하여」; 이형구 편,『단군과 고조선』, 살림터, 1999.

허순산, 「고구려 금귀걸이」, 『력사과학』, 과학·백과사전출판사, 1985년 4호.

高美璇, 「試論紅山文化墓葬」, 『北方文物』 8, 1989.

吉林文物工作隊, 「吉林集安長川二號封土墓發掘紀要」, 『考古與文物』, 1983年 第1期.

吉林地區考古短訓班, 「吉林猴石山遺址發掘簡報」, 『考古』, 1980年 第2期.

吉林省文物工作隊, 「吉林大安縣洮兒河下游右岸新石器時代遺址調査」, 『考古』, 1984年 8期.

吉林省博物館輯安考古隊, 「吉林輯安麻糸戔溝一號壁畵墓」, 『考古』, 1964年 第10期.

吉林省博物館·永吉縣文化館, 「吉林永吉星星哨石棺墓第3次發掘」, 『考古學集刊』 3, 中國社會科學出版社, 1983.

吉林省博物館文物工作隊, 「吉林集安的兩座高句麗墓」, 『中國考古集成』 東北卷 兩晋至隋唐(二), 北京出版社, 1997.

吉林省文物工作隊·集安文管所, 「1976年集安洞溝高句麗墓淸理」, 『中國考古集成』 東北卷 兩秦至隋唐(二), 北京出版社, 1997.

吉林省文物工作隊后崗組, 「鎏金靑銅飛馬牌飾」, 『中國考古集成』 東北卷 秦漢至三國(二), 北京出版社, 1997.

吉林省文物工作隊·長春市文管會·楡樹縣博物館, 「吉林楡樹縣老河深鮮卑墓群部分墓葬發掘簡報」, 『文物』, 1985年 第2期.

內蒙古文物考古硏究所·呼倫貝爾盟文物管理站·額爾古納右旗文物管理所, 「額爾古納右旗拉布達林鮮卑墓郡發掘簡報」, 『中國考古集成』 東北卷 兩晋至隋唐(一), 北京出版社, 1997.

董學增, 「試論西團山文化的裝飾品」, 『中國考古集成』 東北卷 靑銅時代(三), 北

京出版社, 1997.

董學增,「關于我國東北系'觸角式'劍的探討」,『中國考古集成』東北卷 青銅時代
　　　(一), 北京出版社, 1997.

馬德謙,「談談吉林龍潭山·東團山一帶的漢代遺物」,『中國考古集成』東北卷 秦
　　　漢之三國(二), 北京出版社, 1997.

撫順市博物館,「撫順小甲邦東漢墓」,『中國考古集成』東北卷 秦漢至三國(二),
　　　北京出版社, 1997.

方起東,「吉林輯安高句麗霸王朝山城」,『考古』, 1962年 第11期.

瀋陽故宮博物院·瀋陽市文物管理辦公室,「瀋陽鄭家窪子的兩座青銅時代墓
　　　葬」,『考古學報』, 1975年 第1期.

孫守道,「'匈奴西岔溝文化'古墓群的發現」,『文物』1960年 第8·9期.

孫守道·郭大順,「牛河梁紅山文化女神像的發現與研究」,『文物』, 1986年 6期.

徐光冀,「紅山文化的發現」,『新中國的考古收穫』, 文物出版社, 1981.

邵國田,「敖漢旗鐵匠溝戰國墓地調查簡報」,『中國考古集成』東北卷 青銅時代
　　　(一), 北京出版社, 1997.

沈陽市文物管理辦公室,「沈陽新樂遺址試掘報告」,『中國考古集成』東北卷 新
　　　石器時代(二), 北京出版社, 1997.

沈陽市文物工作組,「沈陽地區出土的青銅短劍資料」,『中國考古集成』東北卷
　　　青銅時代(二), 北京出版社, 1997.

沈陽新樂遺址博物館·沈陽市文物管理辦公室,「遼寧沈陽新樂遺址搶救清理發
　　　掘簡報」,『中國考古集成』東北卷 新石器時代(二), 北京出版社, 1997.

王承禮·韓淑華,「吉林輯安通溝第12號高句麗壁畫墓」,『考古』1964年 第2期.

呂學明,『紅山文化墓葬研究』, 吉林大學碩士學位論文, 2000.

遼寧省博物館文物隊·朝陽地區博物館文物隊·朝陽縣文化館,「朝陽袁台子東晋

壁畫墓」,『文物』1984年 第6期.

遼寧省文物考古研究所·朝陽市博物館,「朝陽十二台鄕磚歷88M1發掘簡報」,
　　　『文物』, 1997年 第11期.

遼寧省文物考古研究所·朝陽市博物館·朝陽縣文物管理所,「遼寧朝陽田草溝晋
　　　墓」,『文物』1997年 第11期.

遼寧省文物考古研究所,「遼寧牛河梁紅山文化"女神廟"與積石塚群發掘簡報」,
　　　『中國考古集成』東北卷 新石器時代(二), 北京出版社, 1997.

劉景文,「從出土文物簡析古代夫餘族的審美觀和美的裝飾」,『中國考古集成』
　　　東北卷 秦漢至三國(二), 北京出版社, 1997.

陽虎,「關于紅山文化的幾個問題」,『中國考古集成』東北卷新石器時代(一), 北
　　　京出版社, 1997.

熊增龍,『紅山文化墓葬制度及相關問題研究』,吉林大學碩士學位論文, 2005.

陸思賢·陳棠棟,「達茂旗出土的古代北方民族金飾件」,『文物』1984年 第1期.

李文信,「遼陽發現的三座壁畫古墓」,『文物參考資料』, 1955年 第5期.

李文信,「吉林市附近之史迹及遺物」,『中國考古集成』東北卷 綜述(二), 北京出
　　　版社, 1997.

李殿福,「集安洞溝三座壁畫墓」,『考古』, 1983年 第4期.

張柏忠,「內蒙古科左中旗六家子鮮卑墓群」,『考古』1989年 第5期.

陳大章,「河南鄧縣發現北朝七色彩繪畫象磚墓」,『文物』1958年 第6期.

陳大爲,「遼寧北票房身村晋墓發掘簡報」,『考古』, 1960年 1期.

集安縣文物保管所,「集眼高句麗墓葬發掘簡報」,『考古』1983年 第4期.

集安縣文物保管所,「集安縣兩座高句麗積石墓的清理」,『中國考古集成』東北
　　　卷 兩晋至隋唐(二), 北京出版社, 1997.

周南泉,「故宮博物院藏的幾件新石器時代飾紋玉器」,『文物』1984年 第10期.

朱貴,「遼寧朝陽十二臺營子靑銅短劍墓」,『中國考古集成』東北卷 靑銅時代
　　　(二),北京出版社, 1997.

中國社會科學院考古硏究所,「-遺址保存完好房址布局淸晰葬俗奇特出土玉器
　　　時代之早爲國內之最-興隆洼聚落遺址發掘獲碩果」,『中國考古集成』東
　　　北卷 新石器時代(一), 北京出版社, 2007.

梅原末治,「羅州潘南面の寶冠」,『朝鮮學報』第14輯, 朝鮮學會, 1959.

小野山節,「古墳時代の裝身具と武器」,『日本原始美術大系』5, 誹談社, 1978.

ABSTRACT

The Design Research on Clothing Pattern of Goguryeo

This paper aimed to study the various patterns on the clothing from the period before Gojoseon era to Goguryeo and to make a design of their symbolic meanings. After refering to the records and relics related to Goguryeo including prehistoric relics, jade ornaments of Hongsan culture, and bronze relics of Gojoseon era, the research arranged the unique patterns and styles.

Most of the patterns expressed on the bronze relics from Gojoseon period expresses linear patterns. The ornaments and accessories that were consistently used in the distinctive patterns and the design of Gojoseon were passed down to Goguryeo and developed into unique patterns through dalgae (thin iron ornaments) or dye/weaving methods. Also, the crescent jade ornaments excavated from the Hongsan culture were discovered not only in Manchuria but also in the Korean peninsula, which indicates that the initial jade ornaments were ornamented with bronze dalgae from Gojoseon period to achieve balance and express aesthetic value.

Among the unique patterns of Goguryeo that succeeded such value, fine linear and simple linear patterns and bear and tiger patterns often appeared on clothing. The reason is based on the Dangun mythology.

The culture had the faith and culture to serve the gods of heaven, in other words the heaven and the sun god, which leads to the speculation that this is why engravings were used to express the sun to symbolize the religion of the heavenly gods. Moreover, the bear and tiger patterns most likely symbolizes the bear tribe and tiger tribe in the mythology. Also in the gilt bronze ornamens in the early excavated relics, symbols from the mythology such as bear and tiger under the three-legged crow were discovered.

The ancient Korean race had worn official hats called byeon, jeolpung, and chaek for a long time. The circular pattern in metal hats especially expressed the sun. It is higly probable that the patterns of the sun is a symbol for the birth of Haemosu, who is the father of Jumong in the birth myth of Goguryeo.

The edge trimming of the top and outer garment of Goguryeo act as patterns and greatly affects the design of the entire outfit. The circular and leaf decorations on the outermost layer often splendidly decorated the design. Moreover, the mixture of diamond, square, triangle, oval, and rectangle patterns also gave unique touch.

The gilt bronze belt ornament of Goguryeo often has symmetrical flame patterns just as seen in the golden crown ornament. The flame patterns used in Korean peninsula and Manchuria is the unique style of Gojoseon, and the findings indicate that the pattern continued to succeed and develop until the Three Kingdom Period.

The footwear of ancient Korea includes to styles: low-top footwear called Yi (履) and high-top footwear called Hwa (靴). The front part of all of the shoes are angular and raised. The hairpin ornament of Goguryeo is characterized by its simplicity and the absence of any patterns.

As such, the research on the patterns and styles of Gojoseon and Goguryeo was able to obtain results through independent historical studies. Among the many methods to prove the creativity of our culture, the research on the unique patterns allow to correct our history and suggest the identity of the culture. In fact, cultures and cultural contents without independence and originality are vulnerable to the subordination to outer culture. This is more the reason why finding the cultural origin of Goguryeo patterns and analyizing and making design of the symbolic meaning is a process to correct the roots and history of our culture, and at the same time give the strength to the exchange and communication, which can ultimately contribute to the globalization of the pattern contents.